ENSEIGNEMENT DU PREMIER DEGRÉ

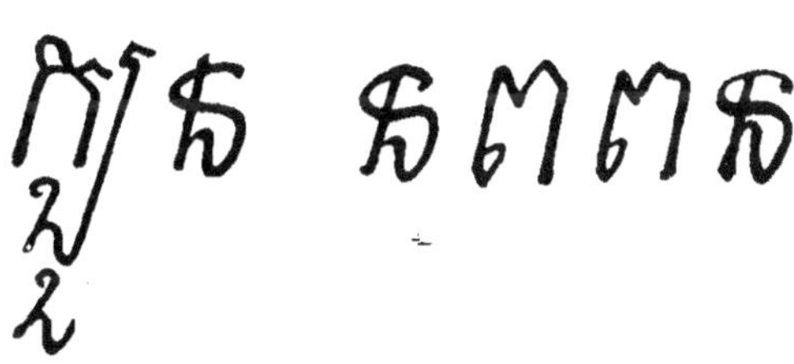

ARITHMÉTIQUE

PREMIER LIVRET

PAR

Victor PUJOL,
*Administrateur des Services Civils
de l'Indochine*

Henri RUSSIER,
*Chef du Service de l'Enseignement
au Cambodge*

SAIGON. — IMPRIMERIE F.-H. SCHNEIDER

1912

ជំពូក១

ក្បួនបង្រៀនរាប់ស្ទៀងពី១ដល់១០

នេះចំរៀកស្ទៀមួយ នេះជងប្រការមួយ នេះទៅ
ស្ទៀមួយ ទៀ៤ពាស្ទៀងជំពូង ក្បួក្រោដាក់ស្ទៀ---១

១៥-១- ឲ្យក្មេងសិសចង្អុលបង្ហាញរបស់ផ្សេ១ៗ ដែលកេនសិស់លើព
និងក្រៅ ឬរបស់ជើរកាន្តពាង នោះក្រូក្រូស្សូរទៅក្នុង
 និស់ថា ងងចង្អុលបង្ហាញកោះ្យមួយមើល ចង្អុលបង្
ពាញជើងម៉ារមួយមើល ចង្អុលបង្ហាញសរមួយ
មើល ឬចង្អុលបង្ហារ់របស់ងទៀកស្ទៀង១ៗ របៀ្យ្
ក្មេនសិសលើរក្ស្ទៀរឿងរាប់ថា នេះកោ្ព្យមួយ នេះ
ជៀងម៉ារមួយ នេះសិសរមួយ ឬចង្អុលរបស់ងទៀក
ស្ទៀង១ៗ របៀ្យ្ព្រោស្ទៀ១១ លេក្ក្ព្យម្ព្យៀងបក្ខាឈ្នន ។
១៥-២- ឲ្យព្រោពស្ទៀ១១ មួយបនាក់
១៥-៣- ឲ្យក្មេសកត្តុសនិនបេ្ត្ត្សៀងក្ត លេក្ក្ព្យៀ៦ន្យ៦ក្ខាឈ្នន
្ចុចកត្តុសពាងស្ព្រៀ្សនេះ

         តែ្យ្តុកតែកត្តុសមួយ

យើងមានស្ទៀពី មានជើងពី ពិថាស្ទៀមួយនិងស្ទៀមួ
ទៀក ក្រូងាស្ទៀពី ជើងមួយនិងជើងមួយទៀកក្រូវពាពី
ចំស្ទៀកស្ទៀមួយនិងចំស្ទៀកស្ទៀមួយទៀក ក្រូងាធ្ងើទៀក-

២រ-១០–បង្គាប់ឲ្យរាប់ថា នេះក្មេនសិស្សប្អូនតាក់ នេះជើងម៉ារប្អូន ឲ្យ
រាប់រៀងៗៗទៅ ឲ្យឲ្យព្រាស្មេរប្អូន ។

២រ-១១–ឲ្យព្រាស្មេរ១ ប្អូនបតាក់ ស្មេរ២ ប្អូនបតាក់ ស្មេរ១៣ ប្អូន-
បតាក់ ស្មេរ១៤ឲ្យបនាក់ ។

២រ-១២–ឲ្យតាមវេកុសក៏តួស ៤ ឬពុច៤ សិវិភាឈៀនឬភាឈន
ឲ្យមើលកុសវេកប្អូនបុចច់វេកប្អូន ប្រើម៉ាក់ឲ្យឈើពាំ
វេកក៏តួស៤ ឬពុច៤វេកម្អូង ឬចមានបែបក៏តួសទាង
ក្រាមនេះ

<pre>
   □ M W ⅃   ∷ :˙ ˙: ˙.
</pre>

២រ-១៣–បង្គាប់ឲ្យរាប់ក្មេនសិស្សព្រាំមតាក ជើងម៉ារព្រាំម ឲ្យរាប់រៀងៗ
ទៅ ហើយឲ្យព្រាស្មេរព្រាំម ។

២រ-១៤–ឲ្យព្រាស្មេរ១ ១ព្រាំមបតាក់ ស្មេរ២ព្រាំមបតាក់ ស្មេរ១៣ព្រាំ
បតាក់ ស្មេរ១៤ព្រាំមបតាក់ ស្មេរ១៥ព្រាំមបតាក់

២រ-១៥–បង្គាប់ឲ្យតាមវេកុសក៏តួស៤ ឬពុច៥ចុច៉ ដូចមាន
បែបទាង់ក្រាមនេះ

<pre>
   ⊞ ⊟ ⊡   ∷ :˙ ˙: .˙.
</pre>

១៥-១៦— អ្នករាប់កូនសិស្សប្រាំមួយនាក់ ស្យេវរកេវ (កាយរ) ប្រាំមួយ
ក្បាល រាប់ត្រាមផ្សេរប្រាំមួយ បេៀឬុព្រោងាកស្យេវប្រាំមួយ

១៥-១៧— ឲ្យព្រាស្យេវ១ប្រាំមួយបន្ថែត ស្យេវ១២ប្រាំមួយបន្ថែត ស្យេវ
៣ប្រាំមួយបន្ថែត ត្រាទៀងៗកទៅ ។

១៥-១៨— ឲ្យកាមពែកកូសកំនុស២ឬៗច៦ ដូចបែបបផ្ការាខាង
លើនេះ៖

ចំរៀករសៀប្រាំមួយ និងចំរៀករសៀមួយទៀកត្រូវជា
ប្រាំម្ភិល រក្យឬកពប្រាំមួយនិងមួយ ត្រូវជាប្រាំម្ភិល រក្យ
ព្រោងាកស្យេវ ________________ ៧

១៥-១៩— អ្នករាប់កូនសិស្សប្រាំម្ភិលនាក់ ក្រោសប្រាំម្ភិលព័ម្ភ ថ្ជប្រាំម្ភិលដុ
បេៀឬព្រាស្យេវប្រាំម្ភិល ។

១៥-២០— ឲ្យព្រាស្យេវ១ប្រាំម្ភិលបន្ថែត ស្យេវ១២ប្រាំម្ភិលបន្ថែត សិក្ក
ស្យេនឬក្ការស្ញុនទៀងៗតៅ ។

១៥-២១— អ្នកាមពែកូសកំនុស ៧ ឬច៧ ដូចបែបបផ្ការាខាងសៅ
នេះ៖

ចំរៀករសៀប្រាំម្ភិល និងចំរៀករសៀមួយទៀក ត្រូវជាប្រាំម្រៀយរក្យ
ឬកពប្រាំម្ភិលនិងមួយត្រូវជាប្រាំម្រៀយ រក្យព្រោងាកស្យេវ ···៨

១៥-២២— បផ្ការឲ្យរាប់កូនសិស្សប្រាំម្រៀនាក់ រាប់ដងប្រការប្រាំម្រៀយ
រាប់ត្រាមផ្សេប្រាំម្រៀ រចឬព្រាស្យេវប្រាំម្រៀយ

១៥-២៣— ឲ្យព្រាស្យេវ១ប្រាំម្រៀបន្ថែត ស្យេវ១២ប្រាំម្រៀបន្ថែត ស្យេវ៣
ប្រាំម្រៀបន្ថែត ទៀងៗតៅ

១-២៤— ឲ្យកាមតែក្បួសកំនូស ៨ ឬ ចុច ៨ ចុច

ចំរៀកសៀ្រិ្រ្ចាំម្រ្យ៉ី ហើយនិងចំរៀកសៀ្រមួយទៀកត្រូវជាប្រាំប៉ូន ក្បួស្រ្រាចចាំម្យ៉ីនិងមួយត្រូវជាចាំប៉ូន ក្បត្រាជាកស្បៀ្រ…៩

១-២៥— បង្គាប់ឲ្យរាប់កូនឬសចាំប៉ូននាក់ ម្រាមផ្សេ្រចាំប៉ូន រាបរៀ្រ៉ងទៅ
១-២៦— ឲ្យព្រាស្បៀ្រ១ ចាំប៉ូនបន្តាត់ ស្បៀ្រ… ចាំប៉ូនបន្តាត់ ទៀ្រ៉ងៗទៅ ,
១-២៧— ឲ្យកាមតែក្បួសកំនូស ៩ ឬ ចុច ៩ ចុច ។

ចំរៀកសៀ្រ្រ្ចាំប៉ូននិងចំរៀកសៀ្រមួយទៀ្រ្ក ត្រូវជាដប់ ក្បួ ្រ្រាចចាំប៉ូននិងមួយត្រូវជាដប់ ក្បត្រាជាក់ស្បៀ្រ…១០ ក្នុងជ្ជុន្នុ្រ្ងដប់ ត្រូវត្រ្រាជាក់ស្បៀ្រពី ក៏ស្បៀ្រ១មួយ និងស្បៀ្រ១ កូន មួយទៀ្រ្ក នៅ៣ាងស្គ្រាំ ៣ក្យប៉ាកំផ្សុ្រ្រហោចា រើស្រ្ប៉ូ

១- ២៨— បង្គាប់ឲ្យរាប់ម្រាមផ្សេ្រ៉ដប់ កូននិស្ប៉ដប់នាក់ទៀ្រ៉ងៗ ក៏ ្រ្រច ឲ្យព្រាស្បៀ្រ១ដប់
១-២៨— ឲ្យកាមតែក្បួសកំនូសដប់ ឬ ចុច ៉ំ ដប់ ចុច ។

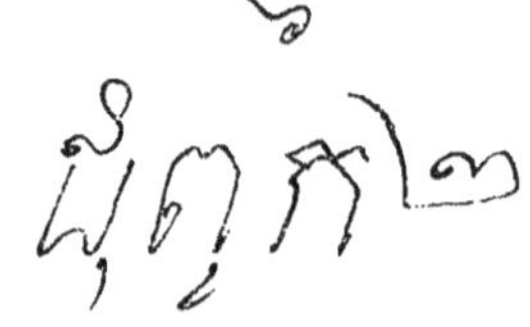

ជំពូក ២

សេចក្ដីនិយាយពីបូកលេខ១ពីលេខ១១ ដល់លេខ១០

នេះចំរៀកលេខ១បាច់ ខ្ញុំកាន់ចំរៀកពាងផ្ដែរស្ដាំ កាន់៤ទាង
លេខឆ្វេង បូកបួមពាងអស់ត្រូវពាចំរៀកលេខ៧ដែរដាក់លើកុះ
ខ្ញុំព្រាជ្ជុំនលើកាបរ កាឃៀង

    ចំរៀកលេខ៣ នឹងចំរៀកលេខ៤ ត្រូវពាចំរៀកលេខ ៧
    ឬចំរៀកលេខ៣ + ចំរៀកលេខ៤ = ត្រូវពាចំរៀកលេខ៧
    ឬ   ៣ +   ៤ =   ៧

ខ្ញុំយកចំរៀកលេខ២ បានដាក់ពាមួយកា ខ្ញុំកាលេខ១បួមពមួយកា
ពីខ្ញុំបានបូកបួមទៅ ឯក់នសរជើងក្រៀកកុសប្រេង + នេះ ក៏សិកាល់
ឡើងពាចាដែមលៀង បើកុសក្នុងចនេះកត្ដលលេខពាំងសង្វាង
ឡពុលព្រឹម២ លេខពាំងជើនលេខលៀងទៅ ជើមឿយនិងសិកាល់
ឡក្រេយលេចត្រូវរបួមពុលកា ។

    ឯក់ខ្ញុំសរទុង២ យ៉ាងខ្លី = នេះពាស់កាល់បានបូកុចលើឿ
ឯបានបូកុចលើឿនេះពាជុំននបូកផ្ដេច
៣-៣១- ឡពាក់ចំរៀកលេខ៤ បាច់លើកុះ ១បូច់ចំរៀកលេខ ១
    ១បាច់ចំរៀកលេខ២ ១បូច់ចំរៀកលេខ៣ ១បូច់
 រៀកលេខ៤, ១ បាច់ចំរៀកលេខ៥, ១បូច់ចំរៀកលេខ៦

+ ឯកាល់ជើងក្រៀកនេះ យល់ថលើសបុដែម
= ឯកាល់ឆកក្នុច២ នេះ យល់ថរបួមពា

១ ចាប់ចំរៀករស្បៀ ៧, ១ ពាច់ចំរៀករស្បៀ ៨ ។ ឲ្យបែមចំរៀករស្បៀ ២ លើ ១ ពាច់ ។ រឿត រូចកាំងបុកក្នុង ១ ពាច់ ។ ពាច់ៗ ក្របចំរៀករស្បៀប៉ុតួន របើយើពាប៉ត់ន ឲ្យក្រោជុំនន លើកាបរឿនបុក្កឈួន កាមក្បួនបុកខាងព្រោមនេះ ។

ចំរៀករស្បៀ ១ + ចំរៀករស្បៀ ២ ក្រវជាចំរៀករស្បៀ ៣ ឬ $1 + 2 = 3$

" ២ + " ២ " ៤ „ $2 + 2 = 4$

" ៣ + " ២ " ៥ „ $3 + 2 = 5$

" ៤ + " ២ " ៦ „ $4 + 2 = 6$

" ៥ + " ២ " ៧ „ $5 + 2 = 7$

" ៦ + " ២ " ៨ „ $6 + 2 = 8$

" ៧ + " ២ " ៩ „ $7 + 2 = 9$

" ៨ + " ២ " ១០ „ $8 + 2 = 10$

<u>១៥-៣២</u> — ឲ្យយកចំរៀករស្បៀ ៗ ទៅ ពាប់លើគុះ ក្នុងចំរៀករស្បៀ ១ ពាប់ ៗ មានជុំននតាំងពី ១, ២, ៣, ៤, ៥, ៦, ដល់ទៅ ក្នុង ១ ពាប់ ឲ្យបែមចំរៀករស្បៀ ៣ ទៀត ហើយឲ្យក្រោជុំននចំរៀករស្បៀ ១ ពាប់ ៗ នោះ នៅលើកាបរឿនបុក្កាឈួន ឬឲ្យកឲ្យយើញ ជុំននចំរៀករស្បៀនោះ ។

ចំរៀករស្បៀ ១ + ចំរៀករស្បៀ ៣ ក្រវជាចំរៀករស្បៀ ៤ ឬ $1 + 3 = 4$

២ + " ៣ " ៥ „ $2 + 3 = 5$

៣ + " ៣ " ៦ „ $3 + 3 = 6$

៤ + " ៣ " ៧ „ $4 + 3 = 7$

៥ + " ៣ " ៨ „ $5 + 3 = 8$

៦ + " ៣ " ៩ „ $6 + 3 = 9$

៧ + " ៣ " ១០ „ $7 + 3 = 10$

<u>២៥-៣៣</u> — ឲ្យបកបែមចំរៀករស្បៀ ៗ ៗ ទៅ កាមសេចក្ដីខាងលើនេះ ៕

ហើយឲ្យប្រាជុំននចំរៀករស្យក្នុង១បាច់។ លើក្ខាយៀនបុប្ផាឈុន
ប្រប្បកឲ្យរើញជុំននចំរៀករស្យនោះ។ ។
គឺបនបែមចំរៀករស្យ៤ លើបាច់ចំរៀករស្យ១ បាច់ ចំរៀក
រស្យ២

បាច់ចំរៀករស្យ៣, បាច់ចំរៀករស្យ៤ បាច់ចំរៀករស្យ៥
ដល់បាច់ចំរៀករស្យ២

ឲបែមចំរៀករស្យ៥ លើកុនចំរៀករស្យ១,២,៣,៤,៥
           "   "   ១,២,៣,៤
           "   ៣   "   ១,២,៣
           "   ២   "   ១,២

១-៣៤- យកចំរៀករស្យ១០កុំណាត់ មកដាក់ព្រោកជាប្រើន
កុនរឲ្យរាប់ ហើយឲ្យប្រាជុំននចំរៀករស្យក្នុង១កុនរ។
ជាប៉ុន្តិ៍ន លើក្ខាយៀនបុប្ផាឈុន ប្រប្បកម្រទាំងអស់
ព្រៀបដុចទៅ $9 + 1 = 10, \quad 7 + 2 + 1 = 10$
$5 + 3 + 2 = 10, \quad 8 + 2 = 10, \quad 1 + 9 = 10$

១-៣៥- ឲស្យុូចមានលេចព$្ទ$ាងលើ និងរៀ១៤,៥,៦ ៧,៨,៩,
លេចព$្ទ$ស៌កាល់— បើរៀបុករ្ទៀ១ នីជុំនន២ដលទៅ
ជុំននប៉ំ$់$ន$ពឹ$ បេះពេបុកឆ្នាះកា ទានតាមបិព្រ ។
ព្រៀបដុចទៅ $- 5 + 3 + 2$ បើរៀជាក $2 + 5 + 3$
ក៏ទាន ឬ $3 - 2 - 5 - $ ឬ $2 + 3 + 5$
ឬ $5 - 2 - 3$ ឬ $3 - 5 - 2$ ក៏ទាន
ដលបុករ$្ត$ច់ទៅក៏លើរើញពេជុំនន១០ ដចគ្នា ។

៣.-៣៦.- អនុគ្រោះស្រុករក់មគត់ក្បួនប្រកប្រជ្រៀង   ពីជ្រៀ១ ដល់ជ្រៀ១០

១ និង១ . . . . ត្រូវតា ២
   ១ និង២   (ប្រ២ និង១)   "   ៣
   ១ និង៣   (ប្រ៣ និង១)   "   ៤
   ១ និង៤   (ប្រ៤ និង១)   "   ៥
   ១ និង៥   (ប្រ៥ និង១)   "   ៦
   ១ និង៦   (ប្រ៦ និង១)   "   ៧
   ១ និង៧   (ប្រ៧ និង១)   "   ៨
   ១ និង៨   (ប្រ៨ និង១)   "   ៩
   ១ និង៩   (ប្រ៩ និង១)   "   ១០

   ២ និង២ . . . . ត្រូវតា ៤
   ២ និង៣   (ប្រ៣ និង២)   "   ៥
   ២ និង៤   (ប្រ៤ និង២)   "   ៦
   ២ និង៥   (ប្រ៥ និង២)   "   ៧
   ២ និង៦   (ប្រ៦ និង២)   "   ៨
   ២ និង៧   (ប្រ៧ និង២)   "   ៩
   ២ និង៨   (ប្រ៨ និង២)   "   ១០

   ៣ និង៣ . . . . ត្រូវតា ៦
   ៣ និង៤   (ប្រ៤ និង៣)   "   ៧
   ៣ និង៥   (ប្រ៥ និង៣)   "   ៨
   ៣ និង៦   (ប្រ៦ និង៣)   "   ៩
   ៣ និង៧   (ប្រ៧ និង៣)   "   ១០

១-៣៧- ៣ និង ៤ ឬ វគ្នាប៉ុន្មាន ៦ និង ២ ត្រូវគ្នាប៉ុន្មាន ៥ និង ៣ ត្រូវគ្នាប៉ុន្មាន ៩ និង ១ ត្រូវគ្នាប៉ុន្មាន ៧ និង ៣ ត្រូវគ្នាប៉ុន្មាន ៥ និង ៤ ត្រូវគ្នាប៉ុន្មាន

វិណោគកនៃពន្ធ

វិណោគកនៃពន្ធខាងក្រោមនេះជាសេចក្ដីប្រើ ត្រូវបង្រៀន រកចំណោកងាយៗក៏បាន

១-៣៨- ក្នុងសាលាវ៉ មានកេះសំរាប់ក្មេងសិស្សរៀន ម្នាក់មានកាម្នាក់មាន ៥ ទាំងអស់ត្រូវថាតុះប៉ុន្មាន ។

១-៣៩- ត្រូវបានចែកស្មៅបប្រការឲ្យរៅអាពៅ២ ឲ្យរៅអាសុក ៣ ឲ្យរៅអាម៉ុន ១ បុករួមទាំងអស់ត្រូវថាស្មៅបប្រការប៉ុន្មាន

១-៤០- ពេលព្រឹកអា ការវាយុរស្រែដូនមកពីផ្ក ៤ ដែរ ពេល ឡាចវ៉ាយុរដែដង៥ ទៀត បុកទាំងអស់ឡេីញអាវ៉ាការ យុរស្រែប៉ុង ផ្ទានស្រែ ។

១-៤១ ក្នុងសួនទិមានដៃយស្យ៥ ដើម ដើមការពាដើម ដើមក្ពាក ២ ដើម បុកទាំងអស់ឡេីញក្នុងសួនទិមានដើមឈេីរប៉ុន្មានផ្ស

ល.៤២- ក្នុងធ្លាលានផ្ទះខ្ញុំមានមាន់ញីក្រពា មាន់ឈ្មោល១ មាន់ញី
កាំជ្រូឈ្មោល២ កូនមាន់៤ បូកទាំងអស់ត្រូវជាមាន់ប៉ុន្មាន
ខ.៤៣- ឪពុកម្តាយអាឡេមានកូនប្រុស២ និងកូនស្រី៤នាក់
បូកទាំងអស់ឃើញឪពុកម្តាយអាឡេមានកូនប៉ុន្មាន ។

ជំពូក៣

សេចក្តីស្រាយពីនព្វន្តកាច់លេខ ពីលេខ១ដល់លេខ១០

នេះចំនៀកស៊ី១បាច់១០កំណាត់ កា.ត់១ចេញនៅសល់តែ៩
ខ្ញុំក្រោចចំនៀកស៊ី១០កាច់១ចេញ នៅគុំចំនៀកស៊ី ៩
ជាកលេខ ៩
បើខ្ញុំក្រោចចំនៀកស៊ី១០ ខ្វះ១ នៅសល់៩ ឬ១០ - ១ = ៩
ខ្ញុំបានហុកយកចំនៀកស៊ី១ចេញពី១បាច់ នោះគឺបានកាច់-
ចេញ ដើម្បីនឹងគិតក្បួនកាច់លេខឲ្យបានត្រឹមត្រូវៗ ក៏យកជុំនួស
ច់បើខ្ញុំហុកចោះមកកាច់នឹងជុំនួសបើន ។
កំនូស១ក្រុមបន្ទាត់នេះ— គឺសំគាល់ថាកាច់ចេញ បើសំ
គាល់— នេះគួរដាក់ខាងមុខលេខ១ គឺថាត្រូវកាច់លេខ១

— សំគាល់ក្នុងក្បួនកែ១នេះ យល់ថាឲ្យលុប
═ សំគាល់ក្នុងក្បួន២នេះ យល់ថានៅសល់ ។

ពីលេខ១ ១០ ប្រាញ់ ។

ឯកន្ធសបន្ធ្យ២ នេះ គឺសិការល់ថាជំនួនដើរពិត្យាស្រេច
ងជំនួននោះ ក្បួរហាថាជំនួនសល់ ។

១.៤៤– ឲ្យដាក់ចំរៀករសៀ្យនោះលើ ក៖១០ ពាច់ ១ ពាច់១០, ៩, ៨
៧, ៦, ៥, ៤, ៣, ២, ១ រួចឲ្យកាច់ចំរៀករសៀ្យ១
ពី១ ពាច់ៗ ប្រាញ់ បើកាច់ហើយនៅសល់ប៉ុន្មានឲ្យព្រាលើ
ក្បួរហៀនបុក្ខាឈូង ។

នេះសេច់ក្ដីប្រៀប

ចំនួនលេខ១០ កុំណាក់យក	ចំនួនលេខ១ កុំណាក់	បើការនៅសល់ប្រ១០-១=៩
៩	១	៨ „ ៩-១=៨
៨	១	៧ „ ៨-១=៧
៧	១	៦ „ ៧-១=៦
៦	១	៥ „ ៦-១=៥
៥	១	៤ „ ៥-១=៤
៤	១	៣ „ ៤-១=៣
៣	១	២ „ ៣-១=២
២	១	១ „ ២-១=១
១	១	០ „ ១-១=០

១.៤៥– ដាក់ចំរៀករសៀ្យ៩ ឋាចលើ ក៖ ១ ពាច់ចំរៀករសៀ្យ១០, ៩, ៨
៧, ៦, ៥, ៤, ៣, ២ កុំណាក់ រួចឲ្យកាច់យក២កុំ
ណាក់ពី១ ពាច់ៗ ប្រាញ់ បើកាច់ហើយនៅសល់ជំនួនប៉ុន្មាន
ឲ្យព្រាជំនួននោះលើក្បួរហៀនបុក្ខាឈូន ។

នេះសេច់ក្ដីប្រៀប

ចំរៀករស្យ ១០ កុំណាក់យកចំរៀករស្យ ២ កុំណាក់ច្រេីរនៅសល្យ ប្ ១០–២=៨

" ៩ " ២ " ៩–២=៧
" ៨ " ២ " ៨–២=៦
" ៧ " ២ " ៧–២=៥
" ៦ " ២ " ៦–២=៤
" ៥ " ២ " ៥–២=៣
" ៤ " ២ " ៤–២=២
" ៣ " ២ " ៣–២=១
" ២ " ២ " ២–២=០

១.៤២ – ក្រ្យួរ្ដ្បុចកាទាង្គសៀរ និង្គល្បៀ្ង ៣, ៤, ៥, ៦. ៧, ដេីរ
ប្រ្ឌ្ន្នសល្យនៅលេីការប្យ្ន្បុកាឈុ ។

សេចក្ដី(ប្រ្)ប

ចំរៀករស្យ ១ បាច់ ១០, ៩, ៨, ៧, ៦ ៥, ៤, ៣, ក្ញុង្គ ១ បាច់ផ្កា

" ១០ ៩ ៨ ៧ ៦ ៥ ៤ — " — ៤
" ១០ ៩ ៨ ៧ ៦ ៥ — " — ៥
" ១០ ៩ ៨ ៧ ៦ — " — ៦
" ១០ ៩ ៨ ៧ — " — ៧
" ១០ ៩ ៨ — " — ៨
" ១០ ៩ — " — ៩
" ១០ — " — ១០

១.៤៧ – អន្ត្រាឲ្យរក់មាក់ក្ញុនកាច់ល្បៀ្ង ផ្ឋមានខាង្គ្រ្កាម ន្ះ ។

១០ ខ្យ្ះ: ១ នៅសល់ ៩ ប្ ១០ – ១ = ៩
៩ " ១ " ៨ " ៩ – ១ = ៨
៨ " ១ " ៧ " ៨ – ១ = ៧
៧ " ១ " ៦ " ៧ – ១ = ៦

๖	ฤๅ:	๑	เสาวณ	๕	ปี	๖	—	๑	=	๕
๕	"	๑	"	๔	"	๕	—	๑	=	๔
๔	"	๑	"	๓	"	๔	—	๑	=	๓
๓	"	๑	"	๒	"	๓	—	๑	=	๒
๒	"	๑	"	๑	"	๒	—	๑	=	๑
๑	"	๑	"	๐	"	๑	—	๑	=	๐

๑๐	ฤๅ:	๒	เสาวณ	๘	ปี	๑๐	—	๒	=	๘
๙	"	๒	"	๗	"	๙	—	๒	=	๗
๘	"	๒	"	๖	"	๘	—	๒	=	๖
๗	"	๒	"	๕	"	๗	—	๒	=	๕
๖	"	๒	"	๔	"	๖	—	๒	=	๔
๕	"	๒	"	๓	"	๕	—	๒	=	๓
๔	"	๒	"	๒	"	๔	—	๒	=	๒
๓	"	๒	"	๑	"	๓	—	๒	=	๑
๒	"	๒	"	๐	"	๒	—	๒	=	๐

๑๐	ฤๅ:	๓	เสาวณ่	๗	ปี	๑๐	—	๓	=	๗
๙	"	๓	"	๖	"	๙	—	๓	=	๖
๘	"	๓	"	๕	"	๘	—	๓	=	๕
๗	"	๓	"	๔	"	๗	—	๓	=	๔
๖	"	๓	"	๓	"	๖	—	๓	=	๓
๕	"	๓	"	๒	"	๕	—	๓	=	๒
๔	"	๓	"	๑	"	๔	—	๓	=	๑
๓	"	๓	"	๐	"	๓	—	๓	=	๐

๑๐ หุ ๔ เสมอ ๖   ย ๑๐ − ๔ = ๖
๙ „ ๔ „ ๕   „ ๙ − ๔ = ๕
๘ „ ๔ „ ๔   „ ๘ − ๔ = ๔
๗ „ ๔ „ ๓   „ ๗ − ๔ = ๓
๖ „ ๔ „ ๒   „ ๖ − ๔ = ๒
๕ „ ๔ „ ๑   „ ๕ − ๔ = ๑
๔ „ ๔ „ ๐   „ ๔ − ๔ = ๐

๑๐ หุ ๕ เสมอ ๕   ย ๑๐ − ๕ = ๕
๙ „ ๕ „ ๔   „ ๙ − ๕ = ๔
๘ „ ๕ „ ๓   „ ๘ − ๕ = ๓
๗ „ ๕ „ ๒   „ ๗ − ๕ = ๒
๖ „ ๕ „ ๑   „ ๖ − ๕ = ๑
๕ „ ๕ „ ๐   „ ๕ − ๕ = ๐

๑๐ หุ ๖ เสมอ ๔   ย ๑๐ − ๖ = ๔
๙ „ ๖ „ ๓   „ ๙ − ๖ = ๓
๘ „ ๖ „ ๒   „ ๘ − ๖ = ๒
๗ „ ๖ „ ๑   „ ๗ − ๖ = ๑
๖ „ ๖ „ ๐   „ ๖ − ๖ = ๐

๑๐ หุ ๗ เสมอ ๓   ย ๑๐ − ๗ = ๓
๙ „ ๗ „ ๒   „ ๙ − ๗ = ๒
๘ „ ๗ „ ๑   „ ๘ − ๗ = ๑
๗ „ ๗ „ ๐   „ ๗ − ๗ = ๐

១០ គុ៖ ៨ នៅសល ២ ឬ ១០ — ៨ = ២
៨ " ៨ " ១ " ៨ — ៨ = ១
៨ " ៨ " ០ " ៨ — ៨ = ០

១០ គុ៖ ៩ នៅសល់ ១ ឬ ១០ — ៩ = ១
៩ " ៩ " ០ " ៩ — ៩ = ០

១០ គុ៖១០ នៅសល ០ ឬ ១០ — ១០ = ០

១.៩៨— ឬស្សរថា១០គុ៖២នៅសល់ប៉ុន្មាន ៤គុ៖៤, ៥គុ៖៣, ៧
គុ៖៥, ៦ គុ៖ ១

ចំណោកនព៌ពន្ធ

ចំណោកនព៌ពន្ធនេះជាសេចក្ដីព្រៀប ត្រូវបងរៀនត្រូវ
រកចំណោកដ៏ទៀក១ ក៏បាន

១.៩៩— អាសេការមានស្ពាបប្រការ២ ក៏ឲ្យនៅអាមៀ្វ៣ តើអាសេក
ក៏នៅសលស្វប្រការប៉ុន្មាន ។

១.៥០— អាប្រិ្វកកមានផៃ្វរជួង៥ ក៏ឲ្យប្រើរជួងនៅអាសេក២ឲ្យនៅ
អាសាន៣ តើអាប្រិ្វកកនៅសល់ប្រើរជួងប៉ុន្មាន ។

១.៥១— កូនសិស្ស១ជួរ៧នាក់អន្ធុយសៀ្បដើងម៉ារ ត្រូវបផ្តាប់ឲ្យ
កូនសិស្សកានាក់ព្រោកកលៈ្ទៀង តើនៅសល់កូនសិស្សដៃរ
អន្ធុយភ្លោះប៉ាននាក ។

១.៥២— អាលាំមរឲ្យរ្ត្រចាស១មានពងមាផ់៩ ក៏ផ្សលឲ្យបក—

អសពងមាន់៤ ពើរានៅសល់ពងមាន់ប៉ុន្តែង ។

២១-៥៣- អាពុកម្ព្យាវអាថ្ងៃមានកូនប្រុសពានាក់ ក្នុងស្រី២នាក់ ពើរពិន្ទុ
នៅកូននោះរាសោះ៍និងប៉ូម៉ីរ្យាប្រុសអស២នាក់ ពើរ
អាពុកម្យ្យារអាថ្ងៃ នៅសល់កូនប៉ុន្តាន

២១-៥៤- អាពុកម្យ្យារអាល្ប្យបានសុចព្រ្យក្រុងព្រែកបានពី៤ បានឲ្យព្រ
២ នៅនាក់ងទៀក ហើយបានសល់ក៍នៅប្ស្រអស២ពី៣ ពើ
អាពុកអាល្ប្យនៅសល់ព្រ្យប៉ុន្តាង ។

ជំពូក៤

សេចក្ដីផ្សាយពីក្សុតកុនរៀងនិងហារៀងពី១ដល់១០

នេះចំរៀករស្ប្យ១បាច់ ខ្ញុំទៅកុនរៀស់៤នាក់ ១នាក់២ក្នុណាក់ជើរ
អង្គុយនៅក្បះខាង់មក់ កៃប្យខ្ញុំឲ្យចំរៀករស្ប្យនោះ២ បានដង ខ្ញុំព្រាច
ចំរៀករស្ប្យ២ + ចំរៀករស្ប្យ២ + ចំរៀករស្ប្យ២ + កៃរៀក
រស្ប្យ២ទៀក = ព្រូវជាចំរៀករស្ប្យ៤ ក៍ណោក៍ កៃចំរៀករស្ប្យ២បុន
ដង = ៨ ខ្ញុំបានប្ហ្រាចំរៀករស្ប្យ៤ ក៍ណោក៍ពីដង គៃខ្ញុំពិតតាមរៀង
កុន ងក៍ន្ទុសជើងក្រែកកុសបនឡ្យើ × នេះសំកាលចៃកញ្រ្យកុនរៀង
រៀងប៉ុចិ៣ ២ + ២ + ២ + ២ = ៨ ឬព្រាងាក់រៀ១ ២ × ៤ = ៨
ក្យរហៅចៃរៀងកុននៅដ្ឋុសរៀងជ័រព្រវ្យ្រា ឬព្ត្រូវកុនឡើងជងនិង

× សៃកាល់ជើងក្រែករឡ្យ៎នេះៈ យល់ថាកុន
= សៃកាល់ឆ្នកកុច២ នេះៈ យល់ថាព្រាហ

ស្បៀងងស្បៀក ងស្បៀងជើងកុន់ជាស្បៀងជើរត្រូវកុននិងស្បៀងម្យ៉កុន
លើកុនទៅបើ្យរបើ្យពាជុំននប៉ីន៉ាន ជុំនននោះៈក្យបេពថាជើងឡ្យប់
ម៉ុចមានសេច្ក៏ៃ្រៀបទាងលើនេះៈ ក៏ស្បៀ១២ ជាម្យកុន ស្បៀ១៤
ជាជើងកុន ស្បៀ១៨ ជាជើងៃ្ល្ខាប់ ។

២.៥៥- កុនសិស់១០នាកនៅច្ញ្ក់ស្បៀ១១ កងសាលាៅ់ ឲ្យច់ៀ្ក្រស្បៀ១
កំណាត់ម្ខ្ង់ ឲ្យពាប់ជុំននចំៀ្ករ្ស្បៀកងវេលាជើរ
កំ្ពុង្ប្រកល់នោះ៕ ។

ត្រូវឲ្យ្វន្តេ្ញាថាចំៀ្ក្រស្បៀ១ កំណាត់ មុយជង ត្រូវថា ១

"	១	ពីជង	" ២
"	១	ប៉ី	" " ៣
"	១	ប៉ន	" " ៤
"	១	ៅ្រ	" " ៥
"	១	ប្រំមុ្យ	" " ៦
"	១	ប្រំពិល	" " ៧
"	១	ៅ្រំប៉ី	" " ៨
"	១	ប្រំប៉ន	" " ៩
"	១	ដប់	" " ១០

២.៥៦- ចេះតែយកាចំៀ្ក្រស្បៀនោះមកឲ្យកុនឲ្យចបែបទាងក្រោម
នេះ បើ្យឲ្យ្ប្រាជុំននជើរ៉ានកុនឡើ្ញ្ញ្ចោះសេី្ក្ខាឡ្យៀ្ន
ប៉ញ្ញ្ចាឈន ។

១ កុននិង្ប២, ២ កុននិង្ប២, ៣ កុននិង្ប២ ៤ កុននិង្ប២
៥ កុននិង្ប២, ១ កុននិង្ប៣, ២ កុននិង្ប៣, ៣ កុននិង្ប៣
១ កុននិង្ប៤, ២ កុននិង្ប៤, ១ កុននិង្ប៥, ២ កុននិង្ប
៥ ។

២.៥៧- អ្គ្ព៉ញ្យរក់មាក់ ម្យ្ស្បៀ្ខ្កុន ពីស្បៀ១១ ដលស្បៀ១១០

១	មួយដង	៧	១		២	មួយដង	៧	២
១	ពីរ	"	" ២		២	ពីរ	"	" ៤
១	បី	"	" ៣		២	បី	"	" ៦
១	បួន	"	" ៤		២	បួន	"	" ៨
១	ប្រាំ	"	" ៥		២	ប្រាំ	"	" ១០
១	ប្រាំមួយ	"	" ៦					
១	ប្រាំពិល	"	" ៧		៣	មួយដង	៧	៣
១	ប្រាំបី	"	" ៨		៣	ពីរ	"	" ៦
១	ប្រាំបួន	"	" ៩		៣	បី	"	" ៩
១	ដប់	"	" ១០					

៤	មួយដង	៧	៤		៥	មួយដង	៧	៥
៤	ពីរ	"	" ៨		៥	ពីរ	"	" ១០

សេចក្ដីផ្សាយពីការរៀន

នេះចំរៀកអក្សរស្ស្យ១បាច់៤កុំណាក់ ឱ្យចងចែកចំរៀកអក្សរស្ស្យ១បាច់ នេះ កើចែកស្ស្យៗក្នុងសិស៤នាក់ ធ្វើឱ្យត្រូវចែកឱ្យក្នុងសិស ម្នាក់ៗ ប៉ុន្តែក្នុងកុំណាក់ ។ ឱ្យតាងចែកចំរៀកអក្សរស្ស្យឱ្យទៅក្នុងសិស ម្នាក់១ កុំណាក់ៗ ជាមុន រួចនឹមចែកឱ្យក្នុងសិស់នេះម្នាក់ប្ញៗទៀត

: សកាលបុច២ នេះហៅថ៌ការ
= សកាលឆុតបុច២ នេះយល់ថ៌ត្រូវជា

នោះបើញ៉ាំកូនសិស្សម្នាក់ៗ បានចំរៀកវ័ស្យ ២ កំណាត់ ឯកាង
ផ្សេយចាចំរៀកវ័ស្យ ៤ កំណាត់ ថែកសេរឲ្យកូនសិស្ស ៤ នាក់
នោះកូនសិសម្នាក់ត្រូវបានចំរៀកវ័ស្យ ២ កំណាត់ ។

        ឧទា៎ ថែក ១ ៤ ឧួយចំណោកបាន បាន ២
ដុនដើមដើមត្រួយ.រាមក៍ថែក នោះក្យរហៅថាហោសប
ឬដុនដើមត្រួវថែកនិងដុនដើមប៉ាំន ដងនោះៗ ក្យរហៅ
ថរហៅ បើដល់ថែកទៅហ៉ុ្យរបើញ៉ាំ ដុនសប៉ាំន ដុនក្ន នោះ
ក្យរហៅថាដើងន្ករ ងស័ពលចុ្ឆ ប៉ុ្រ នេះជាស័ពកាល់
ឲ្យដ៏ងថាថែកឲ្យ ង្ឲ្យ១៤ ថាន់សើនេះហៅថាហោសប
ឲ្យ១៤ ថាន្ហរ ឲ្យ១២ ថាដើងន្ក្រ ដុនក្យថែក
ទ្រុវទៅបើ្យនៅលប់ថែកមិនអស់ នោះក្យបើហៅថាទ្រុខសល
បើ៉ុ្ មានមិន្ទ្បរ៉ែចំរៀកវ័ស្យ ៤ កំណាក់ ឧ្ បាន ៩ កំណាក់
នោះ៉ុនិ៉ងថែកសេ៉ុរឲ្យទៅ កូនសប់ ៤ នាក់ នោះ មិនបានទេ។

        នោះបើញ៉ាំដូចាងក្រោមនេះ

        ៩ ៈ ៤ = ២   នៅសល់ ១

៣៥៨ - ឧ្យរចៈថៃហារតាមលំបហាងលើ នេះ បើថែកកូន ១
        សិសក្ឞ៉ ៗ ហ៉ុ្យបើញ៉ាំ ត្រូវជាដុនសប៉ាំន, ឧ្យ ្រាជាក៍ សើ
        ក្ឞ៉បើញ្បប៉ាក្ឞល្យ៉ន បើនៅសលឲ្យ១ កឲ្យ្រ ឲ្យ១ នោះ បើ

                សេ៎ច៎ក៎ប្រៀប

ចំរៀកវ័ស្យ ១ កំណាក់ ថែកឲ្យកូនសិស ១0, ៥ ឬ ២ នាក់
    "   ៥   "   "   ៤, ៥
    "   ៨   "   "   ៨, ៣
    "   ៧   "   "   ៧, ៤
    "   ៦   "   "   ៦, ២

ចំរៀករស្យេ ៥ កុំណាត់ ចោកឲ្យក្នុងស្យេស ៥ , ៣
     "   ៤   "   "   ៤ , ២
     "   ៣   "   "   ៣ , ២
     "   ២   "   "   ២ , ២

បើយើងឲ្យធ្វើឲ្យបានក្នុងចំរៀករស្យេ១ ប្ញាច់១០កុំណាត់ ក៏មាន ចំរៀករស្យេមួយកុំណាត់១០ដង ឬ ចំរៀករស្យេ១២កុំណាត់៥ដង ១=៥៩—ឲ្យទន្ទេញម្យេរហារនេះឲ្យរត់មាត់ កាលម្យេរហារនេះក្បួនម្យេទុនសព់ ៩ ។

អន្ទេញពីដប់ដល់១០ ឲ្យស់កាល់មើលច្នេះបើកាលុតទន្ទេញម្យេ ក្នុងឲ្យច្នេះមែនទែន នោះក្បួនទន្ទេញម្យេរហារឲ្យរត់មាត់ ៤៩ ។

សេចក្តីប្រៀប

៩០	ចែកនាំ១០	ត្រូវជា	៣	១	ដប់ដង ត្រូវជា	១០
១០	" ៥	"	២	២	ប្រាំម " "	១០
១០	" ២	"	៥	៥	ពី " "	១០
៨	" ២	"	១	១	ប្រាំបួន " "	៨
៨	" ៣	"	៣	៣	ប៉ិ " "	៨
៤	" ៤	"	១	១	ប្រាំ " "	៤
៤	" ៣	"	២	២	បួន " "	៤
៦	" ៣	"	១	១	ប៉ី " "	៦
៧	" ៧	"	១	១	ប្រាំពិល " "	៧
៦	" ២	"	៣	៣	ប្រាំមួយ " "	៦
៦	" ២	"	៣	៣	ពី " "	៦
៥	" ៥	"	១	១	ប្រាំ " "	៥
៤	" ៤	"	១	១	ប៉ួ " "	៤

៤ ចែកដា ២ គ្រវដា ២ ២ ពីរដង គ្រវដា ៤
៣ „ ៣ „ ១ ១ ប៉ី „ „ ៣
២ „ ២ „ ១ ១ ពី „ „ ២

ចំណោកពន់ព័ន្ធបញ្ញាក្នុងកុនរឿង ហារឿ១

ងចំណោកពន់ព័ន្ធនេះដាសេចក្ដីប្រៀប ក្រាបងរៀននិង ផែងចំណោកងទៀតៗក៏បាន

១៥-២០ — ផ្សេ២ មានស្រោមប៉ាន់ន

១៥-២១ — កុនសិស១នាក់ស្ដ្រីព័ស្មួយដើងបានពាដ៉ុម េនីកុនសិស ពានាក់ ស្ដ្រ១ដើងបានប៉ានដ៉ុម ។

១៥-២២ — ក្នុងសាលារៀនមានកុនសិស្សអង្ងួយសេីដើងម៉ានិម្យ្ៗ ពានាក់ េនីក្នុងដើងម៉ាវ២ ទាំងមុក្ត្រូវកុនសិសប៉ាន់ង តារ់ ។

១៥-២៣ — ខ្ញុំមានស្ងាបប្រការ៤ ចែកឲ្យទៅកុនសិស្ស៤ នាក់ស្ដ្រិក្ន េនីខ្ញុំត្រូវឲ្យស្ងាបប្រការប៉ាន់នទៅកុនសិស្សម៉ាក់ៗ ។

១៥-២៤ — ខ្ញុំមានផ្សេស្ញ្យ៤ផ្សែរ ចងចែកឲ្យទៅកុនសិស្ស២នាក់ស្ញើរ ក្ន េនីកុនសិស្សម៉ាក់ៗត្រូវបានផ្សែរស្ញ្យ៤ប៉ាន់នផ្សែ ៗេនៅ សាប់ប៉ាន់ង ។

១៥-២៥ — អារឿ២ មានផ្សែរចេក៤ អាទ្រិមាន៣ អាសេកមាន២ ទាំង៣នាក់នោះរាប្ងនផ្សែរចេកទាំងអស់ទៅត្រូវ៣ និង

យកទៅចែកឲ្យកូនសិស្ស៥នាក់ នើកូនសិស្សម្នាក់ត្រូវបាន
ចែរចេកប៉ុន្មាន ។

២៥-៦៦ មានកូនក្រោង៦ នាក់អន្ដុយលើជើងម្ខាង ជើងម្ខាង១អន្ដុយ
៣នាក់ ទាំងអស់ត្រូវជាជើងម្ខាងប៉ុន្មាន ។

២៥-៦៩ ឲ្យបំពេញក្បាច់ខាងក្រោមនេះ៖

៣ + ៤ = ...	២ + ៧ = ...	៦ + ៣ = ...	២ + ៨ = ...
៧ − ៥ = ...	៧ − ៤ = ...	៨ − ៥ = ...	៤ − ១ = ...
២ × ៣ = ...	៥ × ២ = ...	៣ × ៣ = ...	៤ × ២ = ...
៦ : ២ = ...	៧ : ៣ = ...	៨ : ៣ = ...	៥ : ២ = ...

សេចក្ដីលេងល្បែក

ង់ជើង្រាប់ជើរបានកូននិងលេខៗរៀងៗ និងលេខ១២ នោះ
គេហៅថាលេខគត់គូរ ង់ជិតុនក្រោពីលេខគត់គូរ នោះគេ
ហៅថាលេខសេស ។

ដូចជាក្នុងជិតុនពី១ ដល់ជិតុន១០ ។ ជិតុន ២, ៤, ៦,
៨, ជាជិតុនលេខគត់គូរ ។

ជិតុន ១, ៣, ៥, ៧, ៩, ជាជិតុនលេខសេស ។

ជំពូក ៥

សេចក្តីសិក្សាពីខ្ទង់ដប់ ពី១១ដល់២០

នេះចំនៀកររាប់សិប១បាច់១០កុំណាត់   គឺចំនៀករសិប១០កុំណាត់ ខ្ញុំត្រាងាកាច់ . . . . ចំនៀករសិប១០ កុំណាត់ ។ ឡេ្យ១១ ដារឡេ្យ១បន្ត្បាប់ បើវាប់ត្រាសពីខាងស្តាំមទៅឆ្វេង នោះត្រូវគិត ចាចំនៀករសិប១០កុំណាត់ ដឡេ្យ១សូន ០ នៅខាងស្តាំមឡេ្យ១១ នោះ ដាសិកាល់ក្រោពីជុនន១ងដប់ កានឡេ្យ១ងមួយ ។ បើក្នងចំនៀករសិប១០់កុំណាត់ បើឡើ្ញ្ខបៃមចំនៀករសិប១កុំណាត់ឡើក នោះបើ្ញ្ញ១១ងដប់ + ១កុំណាតឡើត ត្រូវដាចំឡេ្យករសិប្មួយឫន្ត្បប់ កុំណាត់   ។ ខ្ញុំត្រាងាក់ឡេ្យ១ . . . . .១១ បើឡ្ញបៃមចំឡេ្យករសិប២កុំណាត់លើ១ងដប់ នោះត្រូវជាពីជន្ត្បប់ក្ំ ណាត់ ខ្ញុំត្រាឡេ្យ១១២ បើ្ញ្ញេះវតបៃមឡេ្យ១ឡើ្យ១ងឡើ្យងៅ ឡេ្យ១ រៃ្យវាប់ត្រាសពីស្តាំមៅទៅឆ្វេង ឡេ្យ១នោះដាឡេ្យ១ឫៃរបៃមមួយៗលើ្ញជុន ១ងដប់ ។

					ខ្ទង់ដប់	ខ្ទង់មួយ
១០	+	១	ឫមួយដន្ត្បប់ ត្រូវត្រាងាក់	១១	១	១
១០	+	២	ឫពីដន្ត្បប់	"	១២	១	២
១០	+	៣	ឫបីដន្ត្បប់	"	១៣	១	៣
១០	+	៤	ឫបួនដន្ត្បប់	"	១៤	១	៤
១០	+	៥	ឫប្រាំមដន្ត្បប់	"	១៥	១	៥
១០	+	៦	ឫប្រាំមួយដន្ត្បប់	"	១៦	១	៦
១០	+	៧	ឫប្រាំពិលដន្ត្បប់	"	១៧	១	៧

			ខួងសប់	ខួងឃុយ
១០ + ៨	ឬ ទ្រាំម្ងៀងឆ្លប់ ផ្ទួរត្រាងាក់ ១៨		១	៨
១០ + ៩	ឬ ទ្រាំប្លូងឆ្លប់ " ១៩		១	៩

តស្ពូរបើនូរថែមរសិឆ្លងជប់ នោះត្រូវតាំងជប់៤ជងបវៃម្យ
ឡំត្រាងាក់ក្បៀ - ២០

ឱ-២៨- ឡំត្រាក្បៀ ពី ១ ដល់ ២០ រួចៗឆ្ពេត្រាសិវ៏២០ ឱ្យមកៗវិញ។

ឱ-២៩- ឱ្យយកចំរៀករស្យូរហ្ស៊ុល្យប្លូរ វើរហើញាម្ថយរសើកៗ ងា
ផ្ដុងប៉ាន់ៗ ឱ្យត្រាសើក្មាបៀ្យងប្ក្លាស្សរ ។

ផ្ដូរបៀបខាងត្រោម

	ដាក់ថែម ១	ដ្រូមនីង ១១	រៀងដល់ ១៩
	" ២	" ១១	" ១៨
	" ៣	" ១១	" ១៧
	" ៤	" ១១	" ១៦
ឬកក្បៀ	" ៥	" ១១	" ១៥
	" ៦	" ១១	" ១៤
	" ៧	" ១១	" ១៣
	" ៨	" ១១	" ១២
	" ៩	" ១១	" ១១

ឱ-៣០- ឱ្យផ្ដូចក្ពារ ។

ការរៀន {

កាត់ ១	ពី ២០	រៀងចុះរាប់មក	១១	នៅ
" ២	" ២០	——— " ———	១២	"
" ៣	" ២០	——— " ———	១៣	"
" ៤	" ២០	——— " ———	១៤	"
" ៥	" ២០	——— " ———	១៥	"
" ៦	" ២០	——— " ———	១៦	"
" ៧	" ២០	——— " ———	១៧	"
" ៨	" ២០	——— " ———	១៨	"
" ៩	" ២០	——— " ———	១៩	"

លំ. ៧១ — យកចំរៀកអក្សរ ១១ កុំណាត់ លៀរបើសិការបៀវៀរ អ្វីៗ ចំរៀកអក្សរមួយលើកៗ ប៉ុន្តែ ទ្រ្គាល់សិការបៀន បុកាលុង ។ ឧទាហរណ៍ ៖ ១១ = ១០ + ១ ឬ ៩ + ២ ឬ ៦ + ៣ + ២ ។ ពោះ់ពីតបុកនាៈរៀងៗរៀងៗរាប់ ។

លំ. ៧២ — ទ្រេិស្តុចពីទាំងលើរ ការៀន ១២ ដល់ ២០ ។

លំ. ៧៣ — ទ្រ្គាការៀនតត់ពូរពី ២ ដល់ ២០ ពី ២០ ឬយមកពីរៀ

លំ. ៧៤ — រូចទ្រ្គាការៀនរៃសនពី ១ ដល់ ១៩ រួចពី ១៩ ឬយមកពីរៀ

លំ. ៧៥ — ទ្រ្គារាប់បរៀង ៣ ៗ ពី ៣ ដល់ ១៨ ស្តារាប់ថ្មីកសិង៣ ភា ៦ និងការៀត ភាៃ សិងការៀតភា ១៦ ពោះ់ពិតចៃតៗ រៀងៗរាប់ ។

លំ. ៧៦ — ទ្រ្គារាប់បរៀង ៤ ៗ ពី ៤ ដល់ ២០ ។

លំ. ៧៧ — អក្សរ ទ្រ្គារក់ចាក់ ៣ ២ និង ២ ភា ៤ ។

៣	និង	៣		៦		៤	និង	៤		៨
៥	"	៥	"	១០		៦	"	៦	"	១២
៧	"	៧	"	១៤		៨	"	៨	"	១៦
៩	"	៩	"	១៨		១០	"	១០	"	២០

១៥-៧៨- ឬយកចំរៀករស្យ ឬយកក្រ្រសបង្ហាញឲ្យវិត ។

ថា	៦	ពីដង	ជាប៉ុន្ត				
"	៥	ពីដង	"	ថា	៧	ពីដង	ជាប៉ុន្ត
"	៣	បីដង	"	"	៩	ពីដង	"
"	៥	បីដង	"	"	៥	ប៉្យដង	"
"	៣	បួនដង	"	"	៦	ប៉្យដង	"
"	៥	បួនដង	"	"	៥	បួនដង	"

១៥-៧៩- ៤ ស្ដែញស្ររតមាតប្យប្យ១គុន ពី ២, ៣ និង ៤ ដល់ ២០

១	គុននិង	២	ត្រូវជា	២	១	គុននិង	៣	ត្រូវជា ៣
២	"	២	"	៤	២	"	៣	" ៦
៣	"	២	"	៦	៣	"	៣	" ៩
៤	"	២	"	៨	៤	"	៣	" ១២
៥	"	២	"	១០	៥	"	៣	" ១៥
៦	"	២	"	១២	៦	"	៣	" ១៨
៧	"	២	"	១៤	១	គុននិង ៤	ត្រូវជា	៤
៨	"	២	"	១៦	២		៤	៨
៩	"	២	"	១៨	៣		៤	១២
១០	"	២	"	២០	៤		៤	១៦
					៥		៤	២០

១៥-៨០- យកចំរៀករស្យ ១ ប៉ប់ ២០ កុណ្ណាត មកចែកស្មើរជាច្រើនប៉ប់ តាមបាន ហើយចែកទៅហ្យឃើញ ១ ប៉ប់ ។ ត្រូវជាចំរៀក ប៉ុត្នកុណ្ណាត ឲ្យត្រាប៉ុនកុណ្ណាតនោះ សើក្មម្យៅងប៉ុណ្ណន រ៉ល់ដង ។

ប្រៀបបញ្ជុច

ចំរៀកវិស្ស ២០ កុំណាត់ចែក៧២ ពាច់ ក្នុ១ពាច់ត្រូវ៣ ១០ កុំណាត់
" ២០ " " ៤ " —— " —— ៤ "
" ២០ " " ៥ " —— " —— ៤ "

១.៨១.- យកចំរៀកវិស្ស ១៨, ១៦, ១៤ និង ១២ កុំណាត់មកចែក
ស្មើរជាច្រើនពាច់តាមបាន រូចគ្រាជុំនងជួចមានបញ្ញាញ ទាំងលើនេះ៖

ប្រៀបដួច

ក្នុងជុំនន ១៨ មាន ៩ ពីជង មាន ៦ បីជង មាន ៣ ប្រាំមួយជង
មាន ២ ប្រាំបួនជង ។

១.៨២.- យគ្រាជាក់ ៣៦ ស្មៀ១ ប្រាំបីរ ជគ្ល់ប ប្រាំបួនជគ្ល់ប មួយជគ្ល់ប បីជគ្ល់ប
១.៨៣.- កង ជុំ្ក១ ១២,១៤,១៦,១០,៩, ៧ មានជុំ្កខ្នងជប់ប៉ុស្តាន
មានជុំ្កខ្នងមួយប៉ុស្តាន ។

១.៨៤.- យគ្រាជាស្មៀ១ កងព្ងៃ ១ មានម្រាមប៉ុស្តាន ព្ងៃ ២ មានម្រាមប៉ុស្តាន
ព្ងៃ ៣ មានម្រាមប៉ុស្តាន ព្ងៃ ៤ មានម្រាមប៉ុស្តាន ។

១.៨៥.- យកព្ងជុំ្សន សិស ជាក់ ៣ស្មៀ១ ដែលអ្ងយ នៅ ជើងម៉ារ ១ នៅ
ជើងម៉ារ ២ នៅ ជើងម៉ារ ៣ នៅ ជើងម៉ារ ៤ (តែក្ង ប្រា
ហាសពី ជុំ្សន ២០)

១.៨៦.- ជុំ្កនព្ងម៉ាត្ ១៤ ចែកស្មៀរ ឲ្យមនុស្ស ៧ នាក់ ក្នុងមនុស្ស-
ម៉ាក់ បាន ព្ងម៉ាត្ ប៉ុស្តាន ។

ចំណោតពពង្គ

ចំណោតពពង្គនេះ គ្រាន្តែ ឪ្យ យល់ ប្រៀប របៀបរបៀននិង
តែង ចំណោតង ព្យៀតកី បាន ។

៩៧– ក្នុងសាលារបង់រៀន១ នៅផ្ទះក់រ្បៀរ១ ចាងក្នុងសិស្ ១១នាក់ នៅផ្ទះក់រ្បៀរ ២ ចាងក្នុងសិស្ ៤នាក់ នៅក្នុងផ្ទះក់កុំ២នោះ ចាងក្នុងសិស្ប៉ាំងនាក់ ។

៩៨– ប៉ាការរំរែរកាត់ឈ្មោះ ក្នុងសិស្មានអ៊ុក្នុង ១៥នាក់ ព្មត់៣នាក់ ទ័ងរបរិញ្ញាមករៀង នៅនៅក្នុងសិស្ដែរមករៀង រនោះ ប៉ាំងនាក់ ។

៩៩– មានឈ្មោះ ក្នុងប៉ញ្ជារ១ ៦នាក់ រយេរិញ្ញាមករ័ត១០នាក់ នៅ ព្មត់ប៉ាំងនាក់ ។

៥០– រយេរិញ្ញាចាងខ្មមករ័ត ១២ នាក់ ព្មក្នុងអស់៥នាក់ នៅ ក្នុងប៉ញ្ជារ ត្ររវនៅ អ៊ុក្នុង ប៉ាំងនាក់ ។

៥១– ក្នុងក្រុងរៀងចាង នៅដឹងម៉ារ ៤ នៅដឹងម៉ារនិ ទ្វយ។ ចាង ក្នុងសិស្ ៤នាក់ នៅគិត កាំង អក្ស ត្ររវនៅ ក្នុងសិស្ប៉ាំងនាក់ ។

៥២– ចាងក្នុងសិស្ អ៊ុំងអស់ ២០នាក់ នៅដឹងម៉ារ ទ្វយ អស្ក្នុយ៥នាក់ នៅគិត អ៊ុំងអស់ ត្ររ នៅដឹងម៉ារ ប៉ាំង ។

ផ្នែក ២

ស្ថាយពត្នុងជប់

នោះ បំរៀក រស្យ ១ ព្ទាច់ ខ្ញុំ មាន ១០ កុំណាត់ នៅក្នុង១ ព្ទាច់ មានបំរៀក ១០ កុំណាត់ រក្សរាប់ក្នុងជប់ស្ពិចស៊ិ ខ្ញុំ មួយ ស្ពិចនៅរក្សចៅ

មួ	១ដងដប់ ឬ	ដប់	រគ្រោះរក្បត្រាដាក់ រប្យ១	១០
ពី	១ដងដប់ ឬ	ខ្មែ	— " —	២០
បី	១ដងដប់ ឬ	សាមសិប	— " —	៣០
បួន	១ដងដប់ ឬ	សែសិប	— " —	៤០
ប្រាំ	១ដងដប់ ឬ	ហាសិប	— " —	៥០
ប្រាំមួយ	១ដងដប់ ឬ	ហុកសិប	— " —	៦០
ប្រាំពីរ	១ដងដប់ ឬ	ចិតសិប	— " —	៧០
ប្រាំបី	១ដងដប់ ឬ	របៀកសិប	— " —	៨០
ប្រាំបួន	១ដងដប់ ឬ	រកៅសិប	— " —	៩០
ដប់	១ដងដប់ ឬ	មួយរយ	— " —	១០០

ដូចអ១០០រគ្រោះត្រូវ សិររការដាក់រប្យ១៣ រប្យ១ដំបូងខាងស្ដាំ
សិកាសំថា១ដំបួយ រប្យ១ខាឆ្ងប់នា១ដងដប់ រប្យ១បរឆ្ជើរនា១ដំប្
ឡ្យដាក់ចំរៀករសិប្យ១០ កំណាក់នៅ ក្ន ឡ្យបៀមចំរៀករសិប្យ
២០ កំណាក់ម្ដង, ៣០ម្ដង, ៤០ម្ដង, ៥០ម្ដង, ៦០ម្ដង, ៧០ម្ដង
៨០ម្ដង, ៩០ម្ដង

សិរបៀមម្ដងហ្វាស្ដមរាងវិញ្ញាដ៍ស្ន្ធប់ចាំ ឡ្យឡ្យត្រាដ៍ស្ន្ធរគ្រោះ
នៅក្ន្ធររបៀកសិបហ្ឬក្ខ ។

រៀបដូបមានខាងក្រោម

១ដងដប់	១	នឹង	១ដងដប់ ១	រៀក ឡ្យរងាខ១ដងដប់២ ឬ	១០+១០=២០
"	១	"	២	— " —	៣ "	១០+២០=៣០
"	១	"	៣	— " —	៤	១០+៣០=៤០
"	១	"	៤	— " —	៥	១០+៤០=៥០
"	១	"	៥	— " —	៦	១០+៥០=៦០
"	១	"	៦	— " —	៧	១០+៦០=៧០

៣-៤៣-

ខ្ទង់ដប់ ១ និងខ្ទង់ដប់ ៧ រួមត្រូវជាខ្ទង់ ៨ ឬ ១០ + ៧០ = ៨០
" ១ —— " —— ៨ —— " —— ៩ " ១០ + ៨០ = ៩០
" ១ —— " —— ៩ —— " —— ១០ " ១០ + ៩០ = ១០០

១ - ៩៤ - ឲ្យយកចំរៀកវិស្ស ១០ ព្ញ់ច កង ១ ព្ញ់ចៗ ១០ កំណាត់ ហើយ-
ញែកឆ្លាះ៖ ជាៈ ថ្មីនយ៉ាង ហើកិង ១ សើកៗ ឲ្យកទៅឈើញ ជុំនួន
ប៉ុន្មាន ព្ញ់ច ឬ ត្រាជុំនួនសើក្ខាឃ្យៀន ឬក្ខាឃ្យុន ។

<h2 align="center">ប្រៀបដូចមានខាងក្រោម</h2>

ខ្ទង់ដប់ ២ ⎫
" ៣ ⎬ រួមគ្នាឲ្យត្រូវជា ១០ ខ្ទង់ដប់ ឬ ២០ + ៣០ + ៤០ = ១០០
" ៥ ⎭

ខ្ទង់ដប់ ៤ ⎫
" ៦ ⎬ រួមគ្នាឲ្យត្រូវជា ១០ ខ្ទង់ដប់ ឬ ៤០ + ៦០ = ១០០

១ - ៩៥ - ពិចំរៀកវិស្ស ១០ ព្ញ់ច កង ១ ព្ញ់ចៗ ១០ កំណាត់ ឲ្យកាប់មុង
១ ព្ញ់ច, ២ ព្ញ់ច, ៣ ព្ញ់ច, ៤ ព្ញ់ច, ៥ ព្ញ់ច, ៦ ព្ញ់ច, ៧ ព្ញ់ច,
៨ ព្ញ់ច, ៩ ព្ញ់ច ដល ១០ ព្ញ់ច ។

បើកាចយកបេញ្ញមុង ៗ ហើយនៅ សល ប៉ុន្មាន ព្ញ់ច ឬត្រា
ជុំនួន ព្ញ់ចនោះ សើក្ខាឃ្យៀន ឬក្ខាឃ្យុន ។

<h2 align="center">ប្រៀបដូចមានខាងក្រោម</h2>

១០ ខ្ទង់ដប់ — ១ ខ្ទង់ដប់ = ៩ ខ្ទង់ដប់ ឬ ១០០ — ១០ = ៩០
១០ ខ្ទង់ដប់ — ២ ខ្ទង់ដប់ = ៨ ខ្ទង់ដប់ " ១០០ — ២០ = ៨០
១០ ខ្ទង់ដប់ — ៣ ខ្ទង់ដប់ = ៧ ខ្ទង់ដប់ " ១០០ — ៣០ = ៧០
១០ ខ្ទង់ដប់ — ៤ ខ្ទង់ដប់ = ៦ ខ្ទង់ដប់ " ១០០ — ៤០ = ៦០
១០ ខ្ទង់ដប់ — ៥ ខ្ទង់ដប់ = ៥ ខ្ទង់ដប់ " ១០០ — ៥០ = ៥០

១០ ១ដប់ − ២ ១ដប់ = ៤ ១ដប់ ឬ ១០០ − ២០ = ៨០

១០ ១ដប់ − ៧ " = ៣ " " ១០០ − ៧០ = ៣០

១០ ១ដប់ − ៨ " = ២ " " ១០០ − ៨០ = ២០

១០ ១ដប់ − ៩ " = ១ " " ១០០ − ៩០ = ១០

១០ ១ដប់ − ១០ " = ០ " " ១០០ − ១០០ = ០

<u>១១-៨៦-</u> ឲ្យចំរៀងការស្យុ ១០ កុំណាក់រកាក្ងុ និស្ស ១០ នាក់ រៀងរៅាឆ្ពាក់រប្យា ។ ១ ឬឲ្យរាប់កាង់ ១ នេិកៗ ដែររឆ្ពាងឲ្យរនាះ ឲ្ងុ់ដាប់ខ្ជាំន ឮៀ ឲ្រ្ងៅ ដ្ងិន ១ នេិកៗ រនាះ នេិ ក្ការឮៀ្ងុ ឮ ក្ញ្ញាណ្បាង ។

ឲ្រ្កសុ ក្ញ្ញៅា ១ ១ដប់ ១ដង ស្រ្កៅា ១ ១ដប់ ឬ ១០ ឞ្សដង ស្រ្កៅា ១០

២ ១ដប់១ដង " ២ ១ដប់ ឬ ១០ កើ ដង " ២០

៣ ១ដប់១ដង " ៣ ១ដប់ " ១០ បី ដង " ៣០

៤ ១ដប់១ដង " ៤ ១ដប់ " ១០ ឞ្ស ដង " ៤០

៥ ១ដប់១ដង " ៥ ១ដប់ " ១០ ប្រាំ ដង " ៥០

៦ ១ដប់១ដង " ៦ ១ដប់ " ១០ ប្រាំឞ្ស ដង " ៦០

៧ ១ដប់១ដង " ៧ ១ដប់ " ១០ ប្រាំកិល ដង " ៧០

៨ ១ដប់១ដង " ៨ ១ដប់ " ១០ ប្រាំបី ដង " ៨០

៩ ១ដប់១ដង " ៩ ១ដប់ " ១០ ប្រាំបួន ដង " ៩០

១០ ១ដប់១ដង " ១០ ១ដប់ " ១០ ដប់ ដង " ១០០

<u>១១-៨៧-</u> ឲ្យរាប់នឹងចំរៀងការស្យុ ដូចខាងស្រ្កាយ រនះ ។

១ ១ដប់២ដង ស្រ្កៅា ២ ១ដប់ ឬ ២០ ឞ្សដង ស្រ្កៅា ២០

២ ១ដប់២ដង " ៤ ១ដប់ " ២០ កើ ដង " ៤០

៣ ១ដប់២ដង " ៦ ១ដប់ " ២០ បី ដង " ៦០

៤ ១ដប់២ដង " ៨ ១ដប់ " ២០ ឞ្ស ដង " ៨០

៧ ១ដប់១ដង " ៣ ១ដប់ " ៣០ ឞ្ស ដង " ៣០

៣ ១ដប់២ដង " ៦ ១ដប់ " ៣០ កើ ដង " ៦០

៣   ឧ៊ិងឌប់   ៣៣ ឌង (ស្ទួរ)វង   ៤ ឧ៊ិងឌប់   ឬ   ៣០ បិឌង(ស្ទួរ)វង ៩០
៤   ឧ៊ិងឌប់   ១ ឌង   "   ៤ ឧ៊ិងឌប់   "   ៤០ ឡ្យឌង   "   ៤០
៥   ឧ៊ិងឌប់   ២ ឌង   "   ៨ ឧ៊ិងឌប់   "   ៨០ ឥឌង   "   ៨០
៦   ឧ៊ិងឌប់   ៣ ឌង   "   ៩ ឧ៊ិងឌប់   "   ៩០ ឡ្យឌង   "   ៩០
៩   ឧ៊ិងឌប់   ២ ឌង   "   ១០ ឧ៊ិងឌប់   "   ៩០ ឥឌង   "១០០

៩. ៤៨ – ឈ្មោះចំណេកការស្មើ ១០ ឧ៊ិងឌប់ ឌិឌចែកការស្មើរ(ស្ទួរ)ក្រុងសិស្ស ១០   ឬ   ៤
ឬ ២ នាក់ រឺបៃចែកការ(ចៀ)រ ពិញ្ញាម្ភាក់ ។ បានឧ៊ិងឌប់ ប៉ុន៎ះ (ស្ទ្រា)ងឥង
ឧ៊ិងឌប់រាះ សេវិក្ការ(យ្យ)ឿងបុក្កាល្យឌ ។

(ប្រៀ)ប់ផ្ទួចឌ

១០ ឧ៊ិងឌប់   ចែកាឲ្យ ១០ $=$ ១ ឧ៊ិងឌប់   ឬ   ១០ : ១០ $=$ ១
១០ ឧ៊ិងឌប់   "   ៥ $=$ ២   "   "   ១០ : ៥ $=$ ២
១០ ឧ៊ិងឌប់   "   ២ $=$ ៥   "   "   ១០ : ២ $=$ ៥

៩. ៤៩ – (ស្ទ្រ)ៃចែកពាធ.បបពាងលើរៈ ហៀរ(ចែ)កទៅ រ ពិញ្ញ ឧ៊ិងឌប់
ប៉ុវ៎ង (ស្ទ្រា)ឌិងឌ ណោះ សេវិក្ការ(យ្យ)ឿងបុក្កា ល្យឌឌ ឌ ឌ ដ៍ក៎ប ។
រៃចែកទៅរ ហៀរ សិឌ ស ស៎រណៈ ក៏ (ស្ទ្រា)
ចំរៀក(ស៏)ស្មើ ៤ ឧ៊ិងឌប់   ហៀរ(ចែ)កឲ្យ(ស្ទួរ)ក្រុងសិស្ស ៤ នាក់ ៣ នាក់
          ៤ ឧ៊ិងឌប់   ៨ " ៤ " ២ នាក់
          ៩ ឧ៊ិងឌប់   ២ " ៦ " ៣ "
          ៦ ឧ៊ិងឌប់   ២ " ២ " ២ "
          ៥ ឧ៊ិងឌប់   ២ " ៤ "
          ៤ ឧ៊ិងឌប់   ៤ " ២ "
          ៣ ឧ៊ិងឌប់   ៣ " ២ "
          ២ ឧ៊ិងឌប់   ២ " "

(ស្ទ្រ)ៃ(ស៊ៀ)ចក្ខឌ ៤ ឧ៊ិងឌ្វ ណោះមាន ១ ឧ៊ិងឌប់ ៤ វឌមានឧ៊ិងឌប់ ៣ ឌឌ

ស្រេចពីលំហាត់

ក្បៀបូក ក្បៀកាត់ ក្បៀគុណ ក្បៀចែក} ខ្ញុំងងប់សោះ ឭូចឡេង
ខ្ញុំងមួយ ត្រាក់ត្រៃមស្គុសមួយទាំងស្ដាំម ។

$$5 \quad 40 \quad 6 \quad 60$$
$$+3 \quad +30 \quad -4 \quad -40$$
$$8 \quad 80 \quad 2 \quad 20$$

$$3 \times 2 = 6 \qquad 30 \times 2 = 60 \qquad 6 : 2 = 3 \qquad 60 : 2 = 30$$

ប៉ុណ្ណោគំនិតៗៗស្ដួ

ប៉ុណ្ណោគំនិតៗៗស្ដួ នេះ នៅសេចក្ដីប្រៀប ត្រូវបង្រៀននិងនៅគេងចំណោគ
ងង្រៀត ។ ក៍បាន ។

ខ្ញុំៗ-១០១—កងដីសៗខ្លៀច ៤០ ផ្ង ផ្ងៃក្យ ៥០ ផ្ង ផ្ងៃមង្លួត ១០ ផ្ង មាន
ខ្ញុំង ជ័ៃរៃគ្ពុំង ។

ខ្ញុំៗ-១០១—ស្ត្រីមៗកៗៗមានៗៗង មាន់ ៦០ កងគ្រីៗពាស ១ មាន់សៃសិប កងគ្រីៗពាស ១
រៀត រៃមៗំងងសិត្រីៗ ឧៃៗតង មាន់ប៉ុៗៗៗ រូបស្ត្រីៗ នោះ បានលៗកៗស់
៣០ នៅនាងៗ នោះ នៃៗៗសៗៗៗំៗ ស់ៗៗ ។

ខ្ញុំៗ-១០២—កងសាក្ររ្ត្រៀង ១ មានៗកៗ ៃ ៧ កងៗ ៃ ៃ ៃ ៗ ៗ មានៗ ៃ ៃ
៣០ នាក៍ ៃ ៃៗ មៗ ៗ ៃ ស្ត្រីៗ ៗ ៗ កៗ ៗ ៗ ស់ប៉ុៗៗ ៗ ៗ ៗ កៗ ៃ ៃ ស់
រ្ត្រៀងៗ នោះ ។

ខ្ញុំៗ-១០៣—ត្រូវបង្រៀនមៗៗ កៗ មៗ ៃ ៗ រ្ត្រៀ ៗ ៗ កៗ ៗ ៃ ៃ ១ កៗ ៗ ៤០ ក្យាស
បៗ ៃ ៃ កៗ ៗ ៃ ៗ ៃ ៗ ស់ ២០ ៗ កៗ ៃ ៗ ៃ កៗ ៗ ៃ ស់ៗ ៗ មួយ ។ ត្រូ
បៗ ៃ ៃ ៃ ៗ ៃ ៃ ៃ ៗ ៃ ក្យាស ។

ជំពូកទី

សេចក្ដីសិក្សាការរៀននួន ស្ដៀខទី ២១ ដល់ ៤០

នេះជំរៀនការសិក្សា ២១ ឯងដល់ ៤០ កំណាត់ ... យើងនឹងរៀបចំក្បៀរ
កំណាត់ៗរៀក ... យើងបានក្បួនទាងឡាយ នេះ

			តួនៃ	
២០ + ១	ប្រៃមមួយ កំណាត់ ... ស្ដៀ	២១	២	១
២០ + ២	ប្រៃមពី — " —	២២	២	២
២០ + ៣	ប្រៃមបី "	២៣	២	៣
២០ + ៤	ប្រៃមបួន "	២៤	២	៤
២០ + ៥	ប្រៃមប្រាំ "	២៥	២	៥
២០ + ៦	ប្រៃមប្រាំមួយ "	២៦	២	៦
២០ + ៧	ប្រៃមប្រាំពិល "	២៧	២	៧
២០ + ៨	ប្រៃមប្រាំបី "	២៨	២	៨
២០ + ៩	ប្រៃមប្រាំបួន "	២៩	២	៩
២០ + ១០	សាមសិប "	៣០	៣	
៣០ + ១	សាមសិបមួយ "	៣១	៣	១
៣០ + ២	សាមសិបពី "	៣២	៣	២
៣០ + ៣	សាមសិបបី "	៣៣	៣	៣
៣០ + ៤	សាមសិបបួន "	៣៤	៣	៤
៣០ + ៥	សាមសិបប្រាំ "	៣៥	៣	៥
៣០ + ៦	សាមសិបប្រាំមួយ "	៣៦	៣	៦
៣០ + ៧	សាមសិបប្រាំពិល "	៣៧	៣	៧
៣០ + ៨	សាមសិបប្រាំបី "	៣៨	៣	៨

៣០+៩ បុសាមសិបប្រាំបួន កុំណោត ខ្ញុំត្រា ជា'កេ្ម្យ១ ៣៩ | ៣ | ៣
៣០+១០ បុសែសិប " ៤០ | ៤

កងចនោះខ្ម្យ១ ២០ ដល់ ៣០ ហើយកងចន្ខោះខ្ម្យ១ ៣០ ដល់
ខ្ម្យ១ ៥០ នោះត្រូវជា'កេ្ម្យ១ ៩ សារខ្ម្យ១ ដឹបុង ។

ប្រាប់ជចខាងក្រោមនេ:

<u>១:-១០៤-</u> ឲ្យរាប់បរហើ្យ ត្រាជិនភ្នពី ១ ដល់ ៤០ ពី ៤០ ថ្ឡ្យបមក ១ វិញ

<u>១:-១០៥-</u> ឲ្យប្រើនិងចំរៀកវិស្ស្យ មកថែមនិង ដុស្ន ជចឡ្យខាងក្រោមនេ:
ហើយឲ្យត្រាដុស្ននដែលថែម ១ លើក។ នោះលើក្ខណ្ណនបុក្ខរ
ឡ្យន ។

ប្រកប់ចូល

រាប់ថែមចំរៀកវិស្ស្យ	១	ពី	២១	រៀងដល់	៣៩
"	២	"	២១	"	៣៨
"	៣	"	២១	"	៣៧
"	៤	"	២១	"	៣៦
"	៥	"	២១	"	៣៥
"	៦	"	២១	"	៣៤
"	៧	"	២១	"	៣៣
"	៨	"	២១	"	៣២
"	៩	"	២១	"	៣១

<u>១:-១០៦-</u> ឲ្យធ្វើជចខាងលើនេ: តែត្រូវ ឲ្យកាច់ចច់ញវិញ
កាច់ចច់ញ

កាច់ចំរៀកវិស្ស្យ ១ ថយពី ៣៩ ថ្ឡ្យបមក ២១ វិញ

កាចំរៀកវិស្ស ២ ទី ៣៧ ទិន្នាប់មក ២២ វិភា

"	៣	"	៣៧	"	២៣	"
"	៤	"	៣៧	"	២៤	"
"	៥	"	៣៧	"	២៥	"
"	៦	"	៣៧	"	២៦	"
"	៧	"	៣៧	"	២៧	"
"	៨	"	៣៧	"	២៨	"
"	៩	"	៣៧	"	២៩	"

 រ-១០៧- ឲ្យរាប់បរិវេន ២ ។ ទី១០ ដល់ ៤០ ឲ្យចំយពី ៤០ មក១០ វិភា

រ-១០៨- ឲ្យរាប់បរិវេន ២ ។ ទី១១ ដល់ ៣៧ ឲ្យចំយពី ៣៧ មក ១១ វិភា

រ-១០៩- ឲ្យរាប់បរិវេន ៣ ។ ទី២១ ដល់ ៣៧ ឲ្យចំយពី ៣៧ មក ២១ វិភា

រ-១១០- ឲ្យរាប់បរិវេន ៤ ។ ទី២០ ដល់ ៤០ ឲ្យចំយពី ៤០ មក ២០ វិភា

រ-១១១- ឲ្យរាប់បរិវេន ៥ ។ ទី២០ ដល់ ៤០ ឲ្យចំយពី ៤០ មក ២០ វិភា

រ-១១២- អនុក្រមទៅផ្ដាច់ ឲ្យស្រេចកុន ៣ ដង ៤

៤កុនដង ១ ស្រុវសា ៤			៤កុនដង ១ ស្រុវសា ៤		
៣	"	២	"	២	៤	"	២	"	៤
៣	"	៣	"	៨	៤	"	៣	"	១២
៣	"	៤	"	១២	៤	"	៤	"	១៦
៣	"	៥	"	១៥	៤	"	៥	"	២០
៣	"	៦	"	១៨	៤	"	៦	"	២៤
៣	"	៧	"	២១	៤	"	៧	"	២៨
៣	"	៨	"	២៤	៤	"	៨	"	៣២
៣	"	៩	"	២៧	៤	"	៩	"	៣៦
៣	"	១០	"	៣០	៤	"	១០	"	៤០

រ-១១៣- ឲ្យយករាប់រៀកវិស្ស ១ បាច ៤០ កុណាត់ មកចែកឲ្យស្រុវសាបើន

ពាក់កណ្តាល របៀបរាប់ឲ្យឯងផុតខ្លួន ចំពេក ១ ពាក់ ៗ រីឥឡរិនក
ពោះ ឫទ្ធគ្រាផុំខ្លួនកាល់ដឹងរិញ្ញាករយៀងឫ ក្ល ឈ្ឈួ ។

រៀបផ្សំទាងក្រោម

ចំពេករីស្យ ៤០ កុណាក់ ឬ ២ = ២០ កុណាក់ ១ ពាក់
     "   ៤០   "   "   ៤ = ១០   "   ១ ពាក់
     "   ៤០   "   "   ៥ = ៨   "   ១ ពាក់
     "   ៤០   "   "   ៨ = ៥   "   ១ ពាក់

១១-១១៤- ឲ្យរៀបតាមទាងសំរេះ ទីង ចំពេករីស្យ ៣៦, ៣៨ ទីង ២៤
កុណាក់ ។

១១-១១៥- រើដីងឥាឦ ទីង ២ គ្រុឌា ១២ ឲ្យរាប់ ១៦ ទីង ២ គ្រុឌា
ប៉ៅង រហើ ២៦ ទីង ២ គ្រុឌា ប៉ៅង ។

១១-១១៦- រើដីងឥារ ទីង ៧ គ្រុឌា ១៤ ឲ្យរាប់ ៩៧ ទីង ៧ គ្រុឌា ប៉ៅង
រហើ ២៧ ទីង ៧ គ្រុឌា ប៉ៅង ។

១១-១១៧- រើដីងឥា ២ ទីង ៥ គ្រុឌារ ឲ្យរាប់ ១២ ទីង ៥ គ្រុឌា ប៉ៅង

១១-១១៨- រើដីងឥា ១២ ទីង ៥ គ្រុឌា ១៧ ឲ្យរាប់ ១៧ ទីង ១៥ គ្រុឌា ប៉ៅង

១១-១១៩- ឲ្យរឿនផុំខទាងក្រោមនេ រហើឲ្យសំសេររញ្ញាកង ដប់
ដៅ ឆ្នូ ១ឯឯ្យរៅ ឆ្នូ (ឲ្យរាវិឈ្ឈួ ៤២ ឯដប់ ទីង ១
ឯឯ្យរា ២១, ៣២, ១២, ២៥, ៣០, ១៩, ២៨, ២៤,
៣៧, ៣៩.

១១-១២០- ឲ្យឆ្នើរ រហើសំសេរលើ កររញ្ញង ឫកាឈ ២ ។
២១ឯដប់ ទីង ៣ ឯឆ្នូ គ្រុឌា ប៉ៅង្ញ
១ ឯដប់ " ២ ឯឆ្នូ   ———— " ——
៣ ឯដប់ " ៧ ឯ ឈ្ឈួ   ———— " ——

ចំណោទគណនាស្ដី

ចំណោទគណនាត់កន្លង់នេះ ដោយសេចក្ដីព្យាយាមត្រូវបង្រៀននិងតែងចំណោទផេ្សង១ទៀត១
ក៏បាន ។

ង-១២១- ក្នុ់លសាលាលុប ១ អ្នកទ្ប៉ាង៥ ចាប១លើក ៧ចាប១លើក ១៥ចាប១
លើកទៀត តើពីដំងអស់ទ្ប៉ា$ប៉ុ$ងាចាប ។

ង-១២២- ក្នុ៉លសិដៃលបើ ស្ដ្រ៉ច្រ្យ ៣ចាប១លើក ១២ចាប១លើក ៩ចាប
១លើកទៀត តើនៅសល់ប៉ុ$ងាចាប ។

ង-១២៣- ក្នុលើស្ដានាការរៃ់ សុច ទាក់បាងទ្បីរ៤ ហ្វាក់បាងទ្បីរ១០ អ្នកឲ្យ
បានទ្បីរ ៣ងាទ្បីង តើ២នាក់ ៣ភាគ្យ តើពីក់ដំងឲ្យ បានផ្ទុ$ង
ទ្បីប៉ាង ។

ង-១២៤- អាមេ្រ៉ីកមាន ត្រាប់ស្ដី ១២ត្រាប់ក្នុងការទ្បី$ទៀត១ បាពា$លេងនិងគ្យ
ណះ បាន ៧ត្រាប់ទៀត រូចាគ្យៈឲ្យប់ប្ថ$ញ្ចាពាំអស់ ១០ត្រាប់ទៀ $វិការ
រូចនៅប៉ាងត្រាប់ វាតើការបើរ ស្រុសរ្យ្រ្យពាំ ៣នាក់ តើអារ ទៅវា
ស្ដ្រ៉រៃចក ឲ្យម្នាក់១ ប៉ុ$ងត្រាប់ ។

ផ្ញែក ៨

រេបច្ក្ដីនិ្យ៉ាយពីផុ$ងស្រ្ម្រៗពី ៤១ ដល់ ៦០

នេះចំរ្យើកវិស្ស្រ៤ងដល់ ប៉៦០កំណាត់ សេ$ឪ$តែមចំរ្យើក
១កំណាត់ ៗ ទ្បើ$កៈ ្ត្រ៉វីសី

	ទ្បីងដល់ចំ$ខ្យ	
៤០+១	ប៉ុ$សិនឪ$ប់ម្ថ៉យកំណាត់ ្ត$ ត្រ៉ាស្រ្យ ៤១	៤	១
៤០+២	ប៉ុ$សិនឪ$ពី ″ ″	៤២	៤	២

៨០+៣	ប្រ រ័ស សិប ប្ជ្រ កុំណាក់	ទុំ គ្រារ្យ ១	៨៣	៨	៣
៨០+៤	ប្រ រ័ស សិប ប្ជ្រ	"	៨៤	៨	៤
៨០+៥	ប្រ រ័ស សិប ព្ជ្រាំ	"	៨៥	៨	៥
៨០+៦	ប្រ រ័ស សិប ព្ជ្រាំ មួយ	"	៨៦	៨	៦
៨០+៧	ប្រ រ័ស សិប ព្ជ្រាំ ពីរ	"	៨៧	៨	៧
៨០+៨	ប្រ រ័ស សិប ព្ជ្រាំ បី	"	៨៨	៨	៨
៨០+៩	ប្រ រ័ស សិប ព្ជ្រាំ បួន	"	៨៩	៨	៩
៨០+១០	ប្រ កា សិប	"	៩០	៩	
៩០+១	ប្រ កា សិប មួយ	"	៩១	៩	១
៩០+២	ប្រ កា សិប ពីរ	"	៩២	៩	២
៩០+៣	ប្រ កា សិប បី	"	៩៣	៩	៣
៩០+៤	ប្រ កា សិប បួន	"	៩៤	៩	៤
៩០+៥	ប្រ កា សិប ព្ជ្រាំ	"	៩៥	៩	៥
៩០+៦	ប្រ កា សិប ព្ជ្រាំ មួយ	"	៩៦	៩	៦
៩០+៧	ប្រ កា សិប ព្ជ្រាំ ពីរ	"	៩៧	៩	៧
៩០+៨	ប្រ កា សិប ព្ជ្រាំ បី	"	៩៨	៩	៨
៩០+៩	ប្រ កា សិប ព្ជ្រាំ បួន	"	៩៩	៩	៩
៩០+១០	ប្រ ពុក សិប	"	៦០	៦	០

ក្នុង ចន្លោះ រ្យ ១៤០ ដល់ ៩០ បើរ្យ កាង ចន្លោះ ទី ៩០ ដល់ ៦០
រោះ ប្ត្រ ដាក់ រ្យ ១៩ ឯ រ្យ ១ ដឹ ប្ញុ ង ។

១៩១៥ ឲ្យ រាប់ រ បើ្យ ត្រា លើ ក្ការ បើ្យ ស ប្ញុ ក្ញ ឈ្នះ ទី ២១ ដល់ ៦០
ប្ញុ ក ៦០ ចំយមក ២១ ទេ្ញ ។

១៩១៦ ឲ្យ ជ្រើ សីង ចំ រ្យ ក ស្ត្រ មក រ័ផ ទ ដឹ ង ដ៏ន នាង រ ក្រាម រ ះ
រ បើ្យ ត្រា ដ៏ន រ   ផ រ ក ម ១ លើក លើ ក្ការ រ បើ្យ ន ប្ញុ ក្ញ ឈ្នះ

ឬកប់ចូល

ដាក់ថែមចំរៀកវិស្យ	១	ផ្ដុំនិង ៤១	រៀងផល	៥៩
"	២	— " — ៤១	"	៥៨
"	.៣	— " — ៤១	"	៥៧
"	៤	— " — ៤១	"	៥៦
"	៥	— " — ៤១	"	៥៥
"	៦	— " — ៤១	"	៥៤
"	៧	— " — ៤១	"	៥៣
"	៨	— " — ៤១	"	៥២
"	៩	— " — ៤១	"	៥១

១៖-១២៧-ធ្វើដូចទាំងលើនេះ តែត្រូវឲ្យកាចចេញព្យវិញ។

កាចចេញ

កាចចំរៀកវិស្យ	១	ថយពី ៣៩	ត្រូវ់បមក	២១វិញ
"	២	" ៣៩	"	២២ "
"	៣	" ៣៩	"	២៣ "
"	៤	" ៣៩	"	២៤ "
"	៥	" ៣៩	"	២៥ "
"	៦	" ៣៩	"	២៦ "
"	៧	" ៣៩	"	២៧ "
"	៨	" ៣៩	"	២៨ "
"	៩	" ៣៩	"	២៩ "

១៖-១២៨-រាប់បន្ថែម ២ ។ ពី ៤១ ដល់ ៦០ រូចរាប់ថយពី ៦០ មក ៤០វិញ

១៖-១២៩-រាប់បន្ថែម ២ ។ ពី ៤១ ដល់ ៥៩ រូចរាប់ថយពី ៥៩ មក ៤១វិញ

១៖-១៣០-រាប់បន្ថែម ៣ ។ ពី ៤២ ដល់ ៥៩ រូចរាប់ថយពី ៥៩ មក ៤២វិញ

១៖-១៣១-រាប់បន្ថែម ៤ ។ ពី ៤០ ដល់ ៦០ រូចរាប់ថយពី ៦០ មក ៤០វិញ

ទ-១៣២ – ការប់បរដ្ឋិន៥ ៗ គឺ៤០ ដិស៏២០ រួចការប់ឋយគឺ២០ មក៤៩ វិញ ។

ទ-១៣៣ – ការប់បរដ្ឋិន២ ៗ គឺ៤៨ ដិស៏២០ រួចការប់ឋយគឺ២០ មក៤៨ វិញ ។

ទ-១៣៤ – ៩រង្ញ៉ាគ្របាក់ធាក់រប្បរប្ដ្រីគុណ គឺ៥,៦,៧, ដិស៏២០

៥	គុណនឹង	១	ត្រូវជា	៥		៦	គុណនឹង	១	ត្រូវជា	៦
៥	"	២	"	១០		៦	"	២	"	១២
៥	"	៣	"	១៥		៦	"	៣	"	១៨
៥	"	៤	"	២០		៦	"	៤	"	២៤
៥	"	៥	"	២៥		៦	"	៥	"	៣០
៥	"	៦	"	៣០		៦	"	៦	"	៣៦
៥	"	៧	"	៣៥		៦	"	៧	"	៤២
៥	"	៨	"	៤០		៦	"	៨	"	៤៨
៥	"	៩	"	៤៥		៦	"	៩	"	៥៤
៥	"	១០	"	៥០		៦	"	១០	"	៦០

៧	គុណនឹង	១	ត្រូវជា	៧
៧	"	២	"	១៤
៧	"	៣	"	២១
៧	"	៤	"	២៨
៧	"	៥	"	៣៥
៧	"	៦	"	៤២
៧	"	៧	"	៤៩
៧	"	៨	"	៥៦
៧	"	៩	"	៦៣
៧	"	១០	"	៧០

ទ-១៣៥ – ឲ្យយកការធ្វើ)ការីស្បៀ១ ធាក់២០ កុំណាក់ មការីគិក សៀមបុណ្ណា

គេ្រើនបាច់តាមបាន រចភាប់ឲ្យដងដ៏ដូក្នុងចំរៀក១បាច់ៗ ដែរចែកនោះ រើៀឲ្យត្រាដូក្នុននោះកាលដង នេាៀង ប្កាណ្ណង

ចំរៀកវិស្ស	៦០	កុំណាត់ចែកឲ្យ	២ = ៣០	កុំណាត់	១ បាច់
"	៦០	"	៣ = ២០	"	១ បាច់
"	៦០	"	៤ = ១៥	"	១ បាច់
"	៦០	"	៥ = ១២	"	១ បាច់
"	៦០	"	៦ = ១០	"	១ បាច់

១៣៦- ឲ្យរចែកចំរៀកវិស្ស ៥៤ កុំណាត់ ឲ្យចាងនេាៀនេះ គឺ២, ៦, ៩ បាច់ស្មើពារ ។

១៣៧- រើដងងចា ៨ និង ៨ ឲ្យរងៗ១៦ ឲ្យភាប់ ១៨និង៨ ឲ្យរាប៉ុន្តូង ២៨និង៨ ឲ្យរាប៉ុន្ង ៣៨ និង ៩ ឲ្យរាប៉ុន្ង ៤៨ និង៩ ឲ្យរាប៉ុន្ង ។

១៣៨- រើដងងចា ៣ និង ៨ ឲ្យរា១១ ឲ្យភាប់ ១៣និង៨ ឲ្យរាប៉ុន្ង ២៣ និង ៨ ឲ្យរាប៉ុន្ង ៣៣ និង ៨ ឲ្យរាប៉ុន្ង ។

១៣៩- ឲ្យមើលក្នុនភាងក្រោចនេះ រើៀឲ្យស្ងៀភាកក្នុងដប់និង ងដ្មួយរណាក្នុន ឲ្យចាចាំម្ប្ដងភ្តូបមាន ១ងដប់និងក្នុង១
១៨, ២៩, ៣៤, ៤០, ៣៩, ២៦, ២៩, ២០
៤៩, ១៦, ២២, ១៩, ៣៣, ២៥, ៣០, ២៨
៣៦, ៣១, ១៩, ៣២, ៣៥, ២១ ។

១៤០- ឲ្យត្រាក្នុងភាងក្រោចនេះងាក់ងារស្ងៀ

ចាំមដងប់	ៃម្ប្ព្រាម	សាមសិប់
សាមសិប់ប្រាម	ៃម្ប្ចាំចួយ	ចាំប្ឆ្លងសិប់
ចាំឡ្វីងឆ្លប់	សាមសិបចាំម្តិល	សាមសិប់បី
ដែនសិប់	ៃម្ប្ចាំម្តិល	ចាំម្ប្ឆ្លងឆ្លប់

១រ-១៤១ .... ឲ្យឆ្លើយថា

ខ្ទង់ដប់ ៣ និងខ្ទង់មួយ ១ ត្រូវជាប៉ុន្មាន
ខ្ទង់ដប់ ២ និងខ្ទង់មួយ ៣ — " —
ខ្ទង់ដប់ ៣ និងខ្ទង់មួយ ៥ — " —
ខ្ទង់ដប់ ៣ និងខ្ទង់មួយ ៧ — " —
ខ្ទង់ដប់ ២ និងខ្ទង់មួយ ៩ — " —
ខ្ទង់ដប់ ១ និងខ្ទង់មួយ ២ — " —

ចំណោទនព្វន្ត

ចំណោទនព្វន្តនេះជាសេចក្ដីរៀប ត្រូវបង្រៀនតែងចំណោទឯទៀតៗបាន

១រ-១៤២- នាងសំបានយកពងមាន់ ៣៣ ពងទា ៨ ទៅជូនម្ដាយមីង តើពងទាំងអស់ត្រូវជាពងប៉ុន្មាន ។

១រ-១៤៣- ក្មេង ៣ នាក់បាញ់បានខ្វែកត្រោក ៤០ ទីទារ ១៧ តើ ៣ នាក់បាញ់បានសត្វទាំងអស់ប៉ុន្មាន ។

១រ-១៤៤- ឡៅជឿ ៤៨ និងចែកស្មើរឲ្យប្អូន៤នាក់ តើម្នាក់បានឡៅជឿប៉ុន្មាន ។

១រ-១៤៥- អាសំរាមមានកូនឃ្លី ៣៧ គ្រាប់ក្នុងកាបៅឡី មាន៥គ្រាប់ក្នុងជ្រុងម្ខាង មាន៤គ្រាប់ក្នុងជ្រុងម្ខាងទៀត តើពិតទាំងអស់ត្រូវជាកូនឃ្លីប៉ុន្មាន ។

១រ-១៤៦- ជាងដេរម្នាក់ត្រូវការឡេវមីរ ៤៨ គ្រាប់ វាមានតែ ២០ គ្រាប់ តើវានៅខ្វះឡេវប៉ុន្មានគ្រាប់ទៀត ។

១រ-១៤៧- កូនសិស្សខូចអាក្រក់ម្នាក់វាហែកអស់ក្រដាស ៦ សន្លឹកពីសៀវភៅកាយេរវាដែរមានក្រដាស ៣២ សន្លឹក តើសៀវភៅនោះនៅសល់ក្រដាសប៉ុន្មានសន្លឹក ។

ឬ-១៤៩-ដើមវិមត្តុច ៣រដើម ១ដើម ៗកមានស្វ្រ ២០កៅដើម
 នឹមតាំង ៣រនាះមានស្វ្រប៉ុន្មាន ។

ផ្នែក ៩

លេខក្នុងឡាយក្នុងស្តួនពី ២១ ដល់ ១០០

នេះចំរៀកវិស្ស្រប្រាំមួយក្នុងដប់ ឬ២០កំណាត់ របរ៉ងដើម ទុយៗ ដល់៤០កំណាត់ស្ប្រត សេវចំរៀកវិស្ស្រប្រាំមួយក្នុងដប់ តាល់ឥត នៅវ៉ងពានស្តួកចំរៀកវិស្ស្រ ១០ ក្នុងដប់ ស្តួចមានឬ្យ្សអ្យាវ៉ងវក្រៅទ ។

			ខ្ទង់ដប់	ខ្ទង់ឯកយ
២០ + ១ ឬ	ហុកសិប អ្វ្រកំណាត់រ៉ុំព្រាយ្ស្ត្រ	២១	២	១
២០ + ២ ឬ	ហុកសិប ពី " "	២២	២	២
២០ + ៣ ឬ	ហុកសិប បី " "	២៣	២	៣
២០ + ៤ ឬ	ហុកសិប បន " "	២៤	២	៤
២០ + ៥ ឬ	ហុកសិប ប្រាំ " "	២៥	២	៥
២០ + ៦ ឬ	ហុកសិប ប្រាំម្វ្រ " "	២៦	២	៦
២០ + ៧ ឬ	ហុកសិប ប្រាំពិល " "	២៧	២	៧
២០ + ៨ ឬ	ហុកសិប ប្រាំប៉្រ " "	២៨	២	៨
២០ + ៩ ឬ	ហុកសិប ប្រាំប្ន " "	២៩	២	៩
២០ + ១០ ឬ	វិតសិប " "	៣០	៣	
៣០ + ១ ឬ	វិតសិប មួយ " "	៣០	៣	១

				ខ្ទង់ប់	ខ្ទង់ឬ
៧០ + ២	បុ	ចិតសិប់ពីរ កុណាត់ ½ ត្រាស្មេរ ៧២	៧	២
៧០ + ៣	បុ	ចិតសិប់បី	"	"	៧៣	៧	៣
៧០ + ៤	បុ	ចិតសិប់បួន	"	"	៧៤	៧	៤
៧០ + ៥	បុ	ចិតសិប់ប្រាំ	"	"	៧៥	៧	៥
៧០ + ៦	បុ	ចិតសិប់ប្រាំមួយ	"	"	៧៦	៧	៦
៧០ + ៧	បុ	ចិតសិប់ប្រាំពីល	"	"	៧៧	៧	៧
៧០ + ៨	បុ	ចិតសិប់ប្រាំបី	"	"	៧៨	៧	៨
៧០ + ៩	បុ	ចិតសិប់ប្រាំបួន	"	"	៧៩	៧	៩
៧០ + ១០	បុ	បៅតសិប់	"	"	៨០	៨	០
៨០ + ១	បុ	បៅតសិប់មួយ	"	"	៨១	៨	១
៨០ + ២	បុ	បៅតសិប់ពី	"	"	៨២	៨	២
៨០ + ៣	បុ	បៅតសិប់បី	"	"	៨៣	៨	៣
៨០ + ៤	បុ	បៅតសិប់បួន	"	"	៨៤	៨	៤
៨០ + ៥	បុ	បៅតសិប់ប្រាំ	"	"	៨៥	៨	៥
៨០ + ៦	បុ	បៅតសិប់ប្រាំមួយ	"	"	៨៦	៨	៦
៨០ + ៧	បុ	បៅតសិប់ប្រាំពីល	"	"	៨៧	៨	៧
៨០ + ៨	បុ	បៅតសិប់ប្រាំបី	"	"	៨៨	៨	៨
៨០ + ៩	បុ	បៅតសិប់ប្រាំបួន	"	"	៨៩	៨	៩
៨០ + ១០	បុ	កៅសិប់	"	"	៩០	៩	០
៩០ + ១	បុ	កៅសិប់មួយ	"	"	៩១	៩	១
៩០ + ២	បុ	កៅសិប់ពី	"	"	៩២	៩	២
៩០ + ៣	បុ	កៅសិប់បី	"	"	៩៣	៩	៣
៩០ + ៤	បុ	កៅសិប់បួន	"	"	៩៤	៩	៤
៩០ + ៥	បុ	កៅសិប់ប្រាំ	"	"	៩៥	៩	៥

					ខ្ទង់ដប់	ខ្ទង់មួយ
៩០+៦	កៅសិបប្រាំមួយ	កុំណាត់	៖ ព្រាវ្យេ	៩៦	៩	៦
៩០+៧	កៅសិបប្រាំពីរ	″	″	៩៧	៩	៧
៩០+៨	កៅសិបប្រាំបី	″	″	៩៨	៩	៨
៩០+៩	កៅសិបប្រាំបួន	″	″	៩៩	៩	៩
៩០+១០	ឬ មួយរយ	″	″	១០០	១០	

កងចន្លោះពីជំនួន ២០ ដល់ ៨០ ពីជំនួន ៨០ ដល់ ១០០ នោះ ត្រូវជាក់ស្រេ ១ ១៩ ៗ ដរេ ១ ដប់ ។

១៥-១៤៩ – ប្រាប់រៀបរាប់ពីជំនួន ៥១ ដល់ ១០០ ឬរាប់ពី ១០០ – ចុះមក ៥១ វិញ ។

១៥-១៥០ – ប្រាប់នូវចំរៀកវៃស្ប ឈ្ពញ្ច ពីជំនួនដែលបានរាប់នោះ លេ ។

<h3 align="center">បូកបញ្ចូល</h3>

ជាក់ថែមចំរៀកវៃស្ប	១	ផ្សំនឹង ៥១	រៀងដល់	៩៩
″	២	″ ៥១	″	៩៨
″	៣	″ ៥១	″	៩៧
″	៤	″ ៥១	″	៩៦
″	៥	″ ៥១	″	៩៥
″	៦	″ ៥១	″	៩៤
″	៧	″ ៥១	″	៩៣
″	៨	″ ៥១	″	៩២
″	៩	″ ៥១	″	៩១

១៥-១៥១ – ធ្វើតាមទាងលើនេះ តែប្រកាប់ទ្រេញ វិញ ។

<h3 align="center">កាត់ចេញ</h3>

កាត់ចំរៀកវិស ១ ពី ៩៩ ចំល្យប់មក ៩១ វិគ
" ២ " ៩៨ " ៩១ "
" ៣ " ៩៧ " ៩១ "
" ៤ " ៩៦ " ៩១ "
" ៥ " ៩៥ " ៩១ "
" ៦ " ៩៤ " ៩១ "
" ៧ " ៩៣ " ៩១ "
" ៨ " ៩២ " ៩១ "
" ៩ " ៩១ " ៩១ "

ករ-១៥២-ដាក់ខែម ២ ៗ ស្ដ្រីមនិង ៦០ រៀងដិស ១០០ បរាប់ពី១០ឆ្នាំក៏បានក
ករ-១៥៣- " ២ ៗ " ៩១ " ៩៨ " ៩៨ "៩១
ករ-១៥៤- " ៣ ៗ " ៩១ " ៩៨ " ៩៩ "៩១
ករ-១៥៥- " ៤ ៗ " ២០ " ១០០ " ១០០ "២០
ករ-១៥៦- " ៥ ៗ " ២០ " ១០០ " ១០០ "២០
ករ-១៥៧- " ៦ ៗ " ២០ " ៩៥ " ៩៥ "២០
ករ-១៥៨- " ៧ ៗ " ២៣ " ៩៨ " ៩៦ "២៣
ករ-១៥៩- " ៨ ៗ " ២៤ " ៩៥ " ៩៥ "២៤
ករ-១៦០- " ៩ ៗ " ២៣ " ៩៨ " ៩៨ "២៣
ករ-១៦១- " ១០ ៗ " ២០ " ១០០ " ១០០ "២០
ករ-១៦២ រាស្ត្រៀ... កុនពី ៧, ៨, ៩, ១០

៧ កុននិង ១ ត្រីវិស ៧   ៨ កុននិង ១ ត្រីវិស ៨
៧ " ២ " ១៤   ៨ " ២ " ១៦
៧ " ៣ " ២១   ៨ " ៣ " ២៤
៧ " ៤ " ២៨   ៨ " ៤ " ៣២
៧ " ៥ " ៣៥   ៨ " ៥ " ៤០

៧	គុណនឹង	៦	ត្រូវជា	៤២	
៧	"	៧	"	៤៩	
៧	"	៨	"	៥៦	
៧	"	៩	"	៦៣	
៧	"	១០	"	៧០	
៨	គុណនឹង	៦	ត្រូវជា	៤៨	
៨	"	៧	"	៥៦	
៨	"	៨	"	៦៤	
៨	"	៩	"	៧២	
៨	"	១០	"	៨០	

៩	គុណនឹង	១	ត្រូវជា	៩
៩	"	២	"	១៨
៩	"	៣	"	២៧
៩	"	៤	"	៣៦
៩	"	៥	"	៤៥
៩	"	៦	"	៥៤
៩	"	៧	"	៦៣
៩	"	៨	"	៧២
៩	"	៩	"	៨១
៩	"	១០	"	៩០

១០	គុណនឹង	១	ត្រូវជា	១០
១០	"	២	"	២០
១០	"	៣	"	៣០
១០	"	៤	"	៤០
១០	"	៥	"	៥០
១០	"	៦	"	៦០
១០	"	៧	"	៧០
១០	"	៨	"	៨០
១០	"	៩	"	៩០
១០	"	១០	"	១០០

១៥-១៦៣ – ចំរៀងការ៉ីស្បៀ ៧៦ កំណាត់ របែកជា ២ ផ្លាប់, ៥ ផ្លាប់, ៧ ផ្លាប់ ស្មើគ្នា ហើយត្រូវជាដុំ២ ចំរៀងការ៉ីស្បៀ ១ផ្លាប់ៗ គឺជាក្បួនរបៀងប៉ុន្មានឈ្នួង ។

១៥-១៦៤ – របែកចំរៀងការ៉ីស្បៀ ៨០ កំណាត់ជា២ ផ្លាប់, ៤ផ្លាប់, ៥ ផ្លាប់, ៨ ផ្លាប់ ស្មើគ្នា ហើយត្រូវជាដុំ២ ចំរៀងការ៉ីស្បៀ ១ផ្លាប់ៗ គឺជាក្បួនរបៀង ប៉ុន្មានឈ្នួង ។

១៥-១៦៥ – ចំរៀងការ៉ីស្បៀ ៩០ កំណាត់ របែកជា២ ផ្លាប់, ៣ផ្លាប់, ៦ ផ្លាប់ ៩ ផ្លាប់ស្មើគ្នា ហើយត្រូវជាដុំ២ ចំរៀងការ៉ីស្បៀ ១ផ្លាប់ៗ គឺជាក្បួនរបៀងប៉ុន្មានឈ្នួង ។

១៣-១៦៦- ...

១៣-១៦៧- ...

១៣-១៦៨- ...

៨២, ៣៣, ៩៨, ៤៥, ៣៦, ១៩, ៩៧, ៣០, ៩៤, ៤៨, ២៥, ៣៧, ៩៨, ៩៨, ៩៣, ៩៣, ៧០, ៩៣, ៨០, ៩៥, ៦២, ២២, ១៥, ៩៥, ៥៧, ៧៦, ៤៨, ៩៥, ៣៥, ៥៣, ៧៤, ១២, ៧៣ ។

១៣-១៦៩- ...

១៣-១៧០- ...

ចំណោតនព័ពន្ធ

ចំណោតនព័ពន្ធ នេះ ជាសេចក្តីប្រៀប ត្រូវបង់រៀន និង តែងចំណោត
ងរៀត១ ក៏បាន ។

ប-១៧១- តាងរជរ ... ម្នាក់ រជរ ការនិមួយ១ ត្រូវ ងាក់ ស្គរ ៤ ក្រាប់
រតួ ស្គរ ប៉ុន្មាន ក្រាប់ រើព ក្រាន់ ងាក់ រោរ ។

ប-១៧២- សាលារៀង ១ ចែក នៅ ៣ ថ្នាក់ មាន ក្នុង សិស្ស ៣៤ នាក់
ក្នុង ថ្នាក់ ស្រ ១ មាន ក្នុង សិស្ស ១២ នាក់ ក្នុង ថ្នាក់ ស្រ ២ មាន
ក្នុង សិស្ស ១៦ នាក់ រព ក្នុង ថ្នាក់ ស្រ ៣ រនឺ មាន ក្នុង សិស្ស
ប៉ុន្មាន នាក់ ។

ប-១៧៣- ក្នុង តារលាន ១ មាន ម្ប្រ មាស់ ១២ មាស់ ស្តារ ១៥ ការ ៧
គិត ជាំ ង រ រស់ ត្រូវ នា វិស ត្ស្សា ប ប៉ុន្មាន ។

ប-១៧៤- ក្នុង ក្នុង ម្នាក់ មាន ព្រ ងាំ ប ១០០ សិ ត្ក រ ច ង រ ជ រ នា រ ជ្ជ្យ រ ភា
១០ ក្សាល រ ព ១ ក្សាល១ ត្រូវ ម្ហាន ប៉ុន្មាន ស្គ ត្ក ។

ប-១៧៥- ក្នុង សាលារៀង ១ មាន រ ងឺ ង ម្ហ រ ១០ រ ងឺ ង ម្ហ រ និ មួយ១ ចំ ណ
ប ងឺ យ ៤ នាក់ ក្នុង សិស្ស អ ងឺ យ រ នា រ ស់ ក្រ ងឺ ង ២ នាក់
គិត រ ងឺ ត្រូវ នា ក្នុង សិស្ស ប៉ុន្មាន នាក់ ។

ផ្នែក ១០

សេចក្តី ព្យា យ ពី រង្វាស់ រង្វាល់

ក្នុង ការង់ ពី ម៉ុ ... រ នេះ ចំ រៀ ក រ ស្ត្ ២ ក៏ ណ្ណា ត់ ម្ក ក ណ្ណា ក រ វៃ

សាងធួយ រក្សាទីកុំណាត់រក្សៀ ១ ទៃវិងធាងកុំណាត់រក្សៀ ២
រៃះកំមចរក្ស្ត្រ ២ ប្រទៃវិងរក្ស្ត្រ្កា នោះរក្សាទាកំមចរក្ស្ត្រ
បរក្ស្តៃវិងផ្សភ្កា ៕

ចំម៉្រ្យទៃរៃទុំនៅស្សាវ៉ពិសារៈរហាងទារៃវិងតៀ្រ ៕
មានចំម៉្រ្យ ២យ៉ាង ធួយតេច ធួយ ជំម ផុចតាងអាងក្រោមរៈ
ចំម៉្រ្យពៃរៃព្រៈរនៈ រៃវិងស់ៃព្រ្ក្ចនិពទាង នោះ ដាចំម៉្រ្យជំម
ចំម៉្រ្យទាក្ពាលៈរៈរ្ត្ត្ររៃិលចុង្គ្រៃរៈរនៈ ដាចំម៉្រ្យជំមដាងៀ្រ្រ
ប្ៃនៃមាងៈបរក្ស្ត្រយ៉ាងវិៃតច ៕ ផុចតាៃយ៉ាងរ្ត្ត្រៃ ប្ៃ្ត្ត ជិង
ប្រ្កានិងរៃបស់ងៃ្ត្រ្រៈផ្ត្រ្ង ៕

រៃៃនិង្គចង្គនិងប្រៃវៃ្ងរៃបស់រក្សៀរៃវិងប៉្ង្ត្រ នោះពាវ៉ាៃ
ៃនស្ស្ត្រប្ៃ្រៃស្ស្ត្ររៃបស់្រនោះនិងអាត្ររៈរ៉ា ៃត្ត្រ

ៃត្ត្ររៈនោះដាអាត្ត្រ្ងដា្ស្ត្រ្រៃលៈរ្ប្ៃរៃមៃ ព្ស្សនិមៈស្ស
ៃងៈបៃ្ៃ្ក្រ្កាមៃុ្ប្ៃ្ យៈ្ក្ត្ររៃបៃ្សៃៃៃៃស្ស្ត្ររៃ្ៃ្ត្រៃ
ៃត្ត្រ្ៃងៈបៃ្ៃិ្ក្ប្រ្ៃ្ង ប៉ុង្គ្ត្រៃៃងៈអៃ្រៃ រៃៃៃ្ក្ស្សៃ្ស្ត្រ
ៃត្រៃៃៃ្ត្រ « ្ត្រ្ត្រ » រក្ស្ៃ្រៃៃ្ត្រ្ត្ (ៃ)ៃ្រៃ្ស្ៃៃៃស្ស
ៃ្ត្រ្ត្ត្រៃ ៕

១៣- ១៧៦- ្ត្រ្ក្រ្រៃ្ចៃ្ៃ្ត្ត្ត្រៃៃ្ស្ៃ្រៃ ១កុំណាត់ៃៃវៃ ១ៃ្ត្ត្រ្ត្រៃៃ្ច្ង
ៃ្ត្ត្រៃ្រ្ស្ៃ្រ្រៃនៈ្ត្ត្ត្រៃស់កុ្ប្រៃៃៃ បរ្ត្ត្រ្ន្ៃៃន
ៃៃ្ទិងប៉្ន្ៃ្ត្រៃៃៃ្ត្ត្រ រៃស់ប្ៃៃៃៃបរ្ត្ត្ររៈ្ត្ត្រយៃៃរៃស់
កុំព្ស់ៃក្ត្រៃៃ្ៃ្រ្ព្ៃៈ្ប៉ៃ្ៃ្ងៃ្ត្ត្រ រៃស់្ប្រៃ្ត្ត្ត្រ្ៃ
ៃៃ្ស្ត្រ្ត្រ ៕

១៣- ១៧៩- ្ត្រ្គិតៃរៃ្ៃ្ត្រៃមៃ្ត្រៃ្ត្រ្កៃៃង្ត្ក្រៃៃមៃៈ ៕
១៨ រៃ្ត្ត្ត្រ   ៣២រៃ្ត្ត្ត្រ   ៤៥ រៃ្ត្ត្ត្រ
+ ៥   "   -- ១០   "   — ២០   "

+^{៤០}⁄_{៦០} រម៉ែត្រ   −^៥⁄_៣ រម៉ែត្រ   +^{៣៥} រម៉ែត្រ

ម៉ែត្រ ដេការម៉ែត្រ (១០ ម៉ែត្រ) ។   ហិកតូរម៉ែត្រ (១០០ ម៉ែត្រ)
លើ និងស់ ទ ដែ ចរញ្ញាស្របហ្ន គាះ គ្យម្ជើរាស់និងរខ្ល រដក
ម្លង ដេការម៉ែត្រ ។ រវើ គ្យ ស់ រស កាត់ រាក្យ "ដេការម៉ែត្រ »
គ្យ ដាក់ រក ស្ដ (dcm) (សំកាល់ថ ជា ដេការម៉ែត្រ)
១ ដេការម៉ែត្រ ត្រវ នឹង   ប់រម៉ែត្រ   ១០ ដេការម៉ែត្រ ម្លង ១០ រម៉ែត្រ
ន ប់   ត្រវ ន ១ ហិកតូរម៉ែត្រ ។ រវើ កាត់ រាក្យ
ហិកតូរម៉ែត្រ គ្យ ដាក់ រក ស្ដ (hcm) សំកាល់ថ   ជា
ហិកតូរម៉ែត្រ ។

<u>១៨−១៧៨</u>−   យការ   ស

ស្រាច់ ក្យ ញ្ចៀតាប្រវែង ប៉ាស៊ុនេ ទ្រី ។

លុយកាក់

របើកាល់ារក្បេចង ទិព្ញារបស់អ្វីពីនាក់ដឹងតា រនាះមង
ទៃត្រូវិសងបៃ និងងសង់ទៃនោះ រក្បារប្រើរលុយកាក់
គឺ់ដែរមាន់ៃប្រ ង្ស្បូ១ ងនោះ៖

ក្នុងប្រុរ សិនិ៍ទួយ១ៗ មានលុយកាក់សំរ៉ាបទាយវរៃ
គឺ់តារ ង្ស្ត្រុកៃ្រ លុយកាក់សំរ៉ាបទាយសិតវីរ ៖ងដឹង
គឺប្រាក់ ។ ង លុយកាក់ដែរសិតពីរក្ខ្សឹងរនាះ៖ពី

លុយដំច	២ សេន	
លុយត្រច	១ សេន	

ង លុយកាក់ដែរសិត់ពីប្រាក់រនាះ គឺរ

ប្រាក់	រៀល	
ប្រាក់កាក់	៥០ សេន	
ប្រាក់កាក់	២០ សេន	
ប្រាក់ កាក់	១០ សេន	

កង១ រៀលរស្ត្រុរនិង

ប្រាក់កាក់	៥០ សេន	២
ប្រាក់ កាក់	២០ សេន	៥
ប្រាក់ កាក់	១០ សេន	១០
លុយដំច	២ សេន	៥០
លុយត្រច	១ សេន	១០០

១៥–១៨៥– មាន់ប៉ាន់រសេង ក្នុង១ រៀល មាន់ប៉ាន់រសេង កង
ប្រាក់ ៥ កាក់ ១ មាន់ប៉ាន់រសេងកង ប្រាក់ ២ កាក់ ១

មានប៊ូតូនសែនក្នុងប្រាក់មួយកាក់ ១ ។

១៖-១៥៦- ក្នុងប្រាក់មួយកាក់ ២ និង ៤ សែនទៀត ទាំងអស់ត្រូវជាប៊ូតូនសែន
ក្នុងប្រាក់ពីរកាក់ ៤ និង ១ សែនទៀត ទាំងអស់ត្រូវជាប៊ូតូនសែន
ក្នុងប្រាក់ពីរកាក់ ១ និងប្រាក់មួយកាក់ ១ ទៀត ទាំងអស់ត្រូវជា-
ប៊ូតូនសែន ។ ក្នុងប្រាក់ពីរកាក់ ២, ប្រាក់មួយកាក់ ២ និង ១-
សែនទៀត ទាំងអស់ត្រូវជាប៊ូតូនសែន ។

១៖-១៦២- បើក្បៀងិញសំពត់ ១ ថ្លៃ ៤៥ សែន ហៀបឲ្យប្រាក់ ១ រៀល. តើ
ក្បៀត្រូវសងឲ្យវិញប៊ូតូន ។

១៖-១៦៧- ស្រីម្នាក់លក់ពងមាន់ ១០ ថ្លៃ ១៥ សែន ហៀបក្នុងប្រចាស់នោះ-
មានពងមាន់ ២០ តើស្រីនោះលក់ពងមាន់បានថ្លៃប៊ូតូន ។
ក្នុងប្រចាស់មួយទៀត មានពងមាន់ ៤០ តើស្រីនោះលក់ពង-
មាន់បានថ្លៃប៊ូតូន ។

១៖-១៦៨- មុនដែលលក់ពងមាន់ ស្រីនោះមានប្រាក់មួយកាក់ ១ ដល់តាំង
នោះត្រូវប៉ុប្មាកពីសិក្រវិញ អាបានប្រាក់ទាំងអស់ប៊ូតូន ។

១៖-១៦៩- ក្នុងប្រាក់ទាំងអស់នោះ ស្រីនោះអាវិញ្ញកត្បៀង ១ ថ្លៃ ២៥ សែន
តើស្រីនោះសល់ប្រាក់យកមកផ្លះប៊ូតូន ។

១៖-១៧០- គ្រូឲ្យសងថ្លៃ ១២ សែន ២៤ សែន ៣៦ សែន ៣៤ សែន-
៨៩ សែន គ្រូយកប្រាក់យ៉ាងណាសងក្បៀ ។

១៖-១៧១- ខ្ញុំដែរប្រាក់ប្រាំមួយកាក់ ១ ប្រាក់ពីរកាក់ ២ យកជាសែនតើ
ខ្ញុំបានជាប៊ូតូនសែន ។

១៖-១៧២- អាពុកទាក់ចែកលុយ ២០ សែន ឲ្យទៅ កូន ២ នាក់-
កូនប្អូងបាន ៤ សែន នើសងជាងអាប៊ុន នើអា-
អាពុកនោះ ឲ្យកូនម្នាក់ៗ ប៊ូតូនសែន ។

វជ្ជល (ពីរ លីត្រ)

នេះពាងង្យ ១ ពិស្រុកវ្យើយ' ដែលសំរាប់ដាក់ទឹក ។
ខ្ញុំថ្ងង់រាប់ស្ងុនៅឱ្កគេនេះមិនបានទេ ។ ត្រូវរាប់ទុំហំម ២ -
គេនេះមិនករនារប់និងមេត្រុនេះ ។ ត្រូវតែនាប់និងវជ្ជល់ ឫ
«លីត្រ» ប៉េក្យស៌សេរនាត់ពាក្យ «លីត្រ» ក្យើដាក់តែ -
ក្សរ (l) (សំកាល់ចាំជា លីត្រ) ។

២ លីត្រ ជារ់ង្យល់ដែលបានាំងវ៉ែលស្សសំរាប់ប្រើរាល់ រូបរាវ -
ដុចជា ស្រាទំពាំងធ្ងរ, ស្រាបិត, ប្រេង ។
លីត្រ ដែលប្រើនេះ មានរូបប្រើនយ៉ាង ផ្ងនក្យេធ្ងើនិង -
ដែកសីវិឡ្ញត ផ្ងលណាក្យេធ្ងើរ និង សំផ្ងស្ស្យ ។

១ ទ្បើតមានដបតែករ្ងាះ ទុំហំ ប៉ុន ១ លីត្រ ១០ លីត្រ ហៅ
ថា មួយ ដេកាលីត្រ ប៉េក្យស៌សេរនាត់ពាក្យ «ដេកាលីត្រ»
ក្យើដាក់តែអ្វ (dcl) (សំកាល់ចាំជា ដេកាលីត្រ)
១០០ លីត្រ ក្យេរហៅ ៧ មួយ ហិកតូ លីត្រ ប៉េក្យូស៌សេរ
នាត់ពាក្យ «ហិកតូ លីត្រ» ក្យើដាក់តែ ក្សរ (hl) (សំកាល់
ចាំជា ហិកតូ លីត្រ) ។

១.-១៩៣- ក្នុង មួយ ហិកតូ លីត្រ ៨ ដេកា លីត្រ ៧ ដេកា លីត្រ និង
៣ ដេកា លីត្រ ត្រូវជាប៉ុន្ម លីត្រ ។

១.-១៩៤- ក្នុង ២៣ លីត្រ ៩ លីត្រ និង ២៤ លីត្រ ត្រូវជា ប៉ុន្ម -
ដេកា លីត្រ និង ប៉ុន្ម លីត្រ ។

១.-១៩៥- ក្យើ និង ៧ ចំង្លៀង ១ ថ្ញក់ ប្រែងអស់ ១ លីត្រ -
ប៉ើ ចំង្លៀង ២៣ ត្រូវ ចាក់ ប្រែង ប៉ុន្ម ដេកា លីត្រ -
ប៉ុន្ម លីត្រ ។